2016년 혜량학당 문집

- 초발심(初發心) -

혜량학당

2017년 4월 7일 초판 1쇄

글 혜량학당
기획 영강미디어출판
펴낸곳 늘품플러스
펴낸이 전미정
책임편집 남명임
디자인 전혜영 윤종욱
출판등록 2009년 12월 3일 제301-2009-230호
주소 서울 중구 퇴계로 182 가락회관 6층
전화 02-2275-5326
팩스 02-2275-5327
이메일 go5326@naver.com
홈페이지 www.npplus.co.kr
ISBN 979-11-88024-02-5 03100
정가 15,000원

2016년 혜량학당 문집

- 초발심(初發心) -

목차

혜량

들어가며

천혜

책을 내면서

형일

들어가는 글

호청

Allure

惠良

혜량

01. 옳은 사람

자신이 옳다고 주장하는 사람이 되지 말고
자신이 옳은 사람이 되어라.

자신이 옳은 사람이라는 것을 타인에게
인정받으려 하지 말고
자신이 옳은 사람이라는 것을 스스로가
깨닫게 하라.

그럴 때 당신의 인생이 바르게 만들어질 것이다.

02. 자성불自性佛

내가 항상 밝은 의식을 가졌다면 어떻게 한 점의 의혹이 생길 수가
있겠는가?
자성自性은 스스로가 밝혀야 하는 것.
이것이 곧 스스로 자명自明해지는 이치이다.
스스로 자명해진 사람은 스스로 자성불自性佛이라고 말을 할 수가
있다.
이것은 당연한 수행修行의 도리道理일 뿐이다.
그러니 먼저 스스로의 의식과 몸을 밝히라.

03. 종교

종교란
누가 누구에게 자선을 베푸는 것도
누가 누구를 구원해 주는 것이 아니다.
스스로가 스스로를 찾아내는 것이다.

더 늦기 전에
인생의 허무가 찾아오기 전에 시도를 하라.
당신에게는 반드시 견딜 수 없는 허무함이 찾아온다.

04. 진정한 것

헛된 위안으로 슬픔을 얻지 마라.
부질없이 헛된 위안으로 슬픔을 얻지 마라.

– 아티샤Atiśa

오직 진정한 것 그것만을 찾으라.
그것은 우리의 외부에 있는 것이 아니라 우리의 내부에 있다.
그것을 찾으라.

05. 반성反省

子曰, 書不盡言, 言不盡意
서書는 언言을 다 나타낼 수 없고,
언言은 의意를 다 나타낼 수 없다.

– 공자, 『주역周易』

이러 할진데 과연 우리가 아는 것은 무엇이고
말하는 것은 무엇이겠는가?
우리는 먼저 자신을 돌아보아야 할 것이다.
늘 항상
이것이 반성反省의 진짜 의미이다.

06. 나

먼저 "참 나"라는 보리를 구하라.
먼저 "거짓 나"라는 중생을 교화하라.

– 대행스님

참 나가 누구인지를 아는 것이 우선이다.
그것이 되어야 중생이 무엇인지를 알 수가 있다.

07. 삼매三昧

깨어 있으라.

멍청하게 지내지 마라.

단 10초만이라도 그렇게 지낸다면 즉시 삼매를 체험할 것이다.

08. 각성覺醒의 비밀

현실 속에서 자신의 꿈과 이상을 이루기 위해서

바쁘게 열심히 살아가는 사람들이 있다.

세상적으로는 그들이 가진 삶의 방식이 절대적으로 옳다.

하지만 그들의 생각은 어리석고 그들의 방식을 절대적으로 틀렸다.

특히나 열심히 살아가는 사람일수록 더 그러하다.

그 이유는 바로 마음속에 가득히 채워져 있는 욕망과 헛된 희망

때문이다.

이 글을 보는 누구든 스스로의 욕망을 자각하고 그것을 변형시켜라.

그것이 변형된 후에는 자신이 가고 싶은 길을 그대로 가도 그때는 옳다.

이것이 覺醒의 비밀이다.

09. 명상이란

명상은 인간이 할 수 있는 최고의 각성된 행동이다.

10. 주거락住居樂

자신이 머물러야 하는 곳을 잘 결정하라.

나에게 머물러야 할 곳은 온전하게 한 곳뿐이다.
그 곳은 바로 나 자신이다.
나는 나 스스로와 함께 하고 있다.
아직 완전하게 온전하지는 않지만…….

나는 나 자신에게 비교적 온전하게 머무르고
난 이후부터 진짜 자유를 알고 있다.
다시 말하지만 (알고) 있다.
그리고 진짜 명상이 (일어)났다.

나에게 즐거움을 주는 집은 나의 육체이다.
그래서 나는 내 집에 머무르는 것이 즐겁다.
그것이 '주거락'이란 단어의 진정한 의미이다.

11. 파랑새

파랑새란 생명에너지를 뜻한다.
파랑새란 자신의 생명이 다시 살아나고 있음을
보여주는 여성성의 상징이다.
자신의 내면에 있는 원기가 회복되고 있다는 음기수복陰氣收復의
상징이다.

푸른 용과는 짝을 이루는 개념이다.
이 이치를 다른 말로 '용호비결'이라고 한다.

12. 수행의 방편

'Ego, 我, 나'라는 것은
내가 극복해야 할 대상이기도 하고
내가 버려야 할 대상이기도 하고
내가 소중히 대해야 할 대상이기도 하다.

수행이란 이런 모든 행위들을
순서에 맞고
올바른 방법으로
조절하는 그 모든 방편을 뜻한다.

13. 각성과 스승

각성이란 누군가가 당신을 잠에서 깨어나도록 해주는 것이다.
잠에서 깨어나고 보면 당신이 스스로 깨어났다는 것을 알게 되지만
그 전에는 당신이 스스로 깨어나는 것이 아니라
누군가가 곁에서 깨워 주는 것이다.

그를 일컬어 스승이라고 하는 것이다.

14. 나라는 존재

속세인俗世人이 가야 하는 곳은 속세에 그 길이 있다.
속세에서의 성공成功과 입신양명立身揚名을 추구하고
그것의 정점頂点에 도달하는 것이 속세인의 길이다.
수행자修行者가 가야 하는 곳은 속세의 정점頂点이 아니다.
수행자에게 속세란 오히려 정점停占일 뿐이다.
속세에서의 분리分離와 입산入山을 수련하고
그것의 정점인 공空에 도달하는 것이 수행자의 길이다.
당신의 길이 수행자라면 당신의 길은 옳다.
나는 그런 사람들에게 필요한 존재이다.

15. 관심關心

관심…… 關心이란
스스로의 언행을 통해서 스스로를 드러내고 싶어 하는 인간 고유의
本能이다.
이것은 인간을 굴레에 놓기 위해서 인간이라는 物體를 창조할 때부터
부여한 하나의 족쇄이기 때문이다.
인간은 이 관심을 얻으려는 행동을 단 한 순간도 멈추지 않는다.
언제나……
인간이 관심이라는 행동에서 스스로 벗어나게 될 때
인간은 올바른 自由를 얻게 된다.
이것이 진정으로 홀로 있을 수 있는 유일한 길이다.

16. 정의감正義感

세속적인 올바른 삶은 사회에 대한 정의감을 가지는 것이 옳다.
수행자의 올바른 삶은 자신이 누구인지를 먼저 아는 것이 옳다.
정의감이란 정의로운 사람은 자연스럽게 가지는 감정이자 기운이다.
그러니 자신이 누구인지? 어떤 사람인지를 알아라.
그렇게 해서 정의로운 사람이 되면 정의감은 저절로 생긴다.
이것이 올바른 정의감이다.
아무 조건이 없는 정의감 말이다.

17. 보다觀

자신의 마음을 알고 싶거든
자신의 감정을 보라.

자신의 감정이 움직이는 것을 보려면
자신의 의지를 보라.

자신의 의지를 보고 싶거든
조용히 앉으라.

18. 명심할 이야기

수행자를 만난다면 그와 논쟁을 하지 마라.
그가 당신의 논쟁을 받아 준다면
그것은 지극한 자비심의 행동이다.

하지만 당신은 중요한 한 가지를 놓치게 될 것이다.
그의 이야기를 듣고
자신의 인생을 바로 잡을 수 있는 기회이다.

그러니 수행자를 만난다면
입을 닫고
귀를 열고

교만한 마음을 잠재우면서
그의 이야기를 청해서 들어라.

그러면 그대는
수행자의 자비심과 함께
수행자의 자성을 경험하게 될 것이다.

이 경험은 그대의 십 년 공덕보다 더 소중하다.

반드시 명심하라.

19. 비움

먼저 비워져 있어야 다른 것을 채울 수 있다.
비운다는 것은 변화를 시킨다는 것이다.

왜 변화라고 하는가?

그것의 의미와 필요함을 아는 것이
수행의 시작이고
수행자의 발원심이다.

20. 수행자

나는
언제든
다양하고
신중하고
자유롭게
편안하고
확실하고
파격적으로
선택한다.

그리고
그 선택은 그저 선택으로서 행行할 뿐이다.
이것이 전부이다.
수행자로서의 삶의 태도 중 하나이다.

21. 문고리

마음이라는 門을 연다는 것은
스스로
마음의 문고리를 잡아야 가능한 것이다.

당신의 손에 그 문고리가 있는가?

22. 타인他人

자신의 명命을 밝히기 위해서 명확하게 정定해야 할 것이 있다.
그것은 나我와 타인他人을 구분하는 것이다.
타인이란 나 이외의 모든 사람이다.

23. 자선慈善

인간은 자선慈善이라는 행위를 한다.
하지만 올바른 자선을 하는 이는 드물다.

자선이란 먼저
선善이 무엇인지를 아는 것에서부터 시작해야 한다.

善을 알고 스스로 그
善이 자신의 마음 안에서 흘러나오고 그
善이 존재계에 넘치고 넘쳐흘러서 어디로든 흘러가는
그 행위가 바로 올바른 慈善이다.

부디 그런 사람들이 조금씩 늘어가기를 바란다.

24. 본성本性

위대한 스승 조주趙州는 이렇게 말씀을 하신 것으로 전해진다.

"천 명 만 명 모두가 부처를 찾는 무리들뿐 도인은 한 명도 찾을 수가 없구나. 세상이 있기 전에도 자성自性은 있었으며 세상이 무너져도 이 본성本性은 무너지지 않는다."

자 당신은 누구인가?
어떤 사람이 되려고 하는가?

당신이 찾는 것은 무엇인가?
당신은 어떤 존재인가?

당신은 무너지지 않을 수 있는가?

25. 니체가 이야기한 신神

내가 神을 믿는다면 춤출 줄 아는 神만을 믿을 것이다.
– 니체F. W. Nietzsche, 『차라투스트라는 이렇게 말했다Also sprach Zarathustra』

인생은 본질은 역동적이다.
인생의 본질은 즐거움이다.

인생의 본질은 변화이다.
인생의 본질은 스스로 그러한 것이다.

니체가 이야기를 하고 싶었던 것은 바로 이것이다.

26. 고苦와 공空

석가모니께서는 중요한 이야기들을 간단하게 해 주셨다.
그중에서 일반인들이 알아야 할 가장 중요한 것은 단 두 가지이다.

> 하나는
> 苦이고
>
> 하나는
> 空이다.
>
> 삶은 苦이다.
> 삶은 空이다.

일반인, 세속인들은 이 두 가지에 대한 올바른 이해를 하는 것이
최우선이다.
그러면 그 이해가 시작되고 난 이후에 우리는 어떻게 살아야 할 것인가?
그때부터는 다른 이야기들을 가지고 시작해야 한다.

27. 공空

空이란 본래부터 비어 있었다.
무엇인가가 채워져 있다가 비워진 것이 아니다.
"비어 있었다"는 글자의 의미를 아는가?

그대는 늘
"무엇인가를 채우고 있었기"에
"비어 있었다"라는 말의 의미를 알지 못할 것이다.

"비어 있는 상태"에 도달하는 것……
이것이 석가모니께서 하시고자 했던 모든 이야기의 결론이다.

28. 자성自性

석가모니는 自性을 깨우치라고 하셨다.
自性이란 무엇인가?
性이란 당신이 생각하고 느끼고 행동하는 모든 것의 근본적인
그 무엇이다.
自性이란 "그 무엇을 스스로의 힘으로 정확하게 알아라"라고
하는 것이다.
왜 알아야 하는가?
당신은 그것을 전혀 알지 못하고 그냥 끌려가고 있기 때문이다.

불교라고 불리는 가르침의 핵심은 이것이다.

"그 무엇을 스스로의 힘으로 알아라."

29. 번뇌煩惱로부터 벗어나는 길

그리스도란 만들어진 사람이 아니다.
부처란 도달한 사람이 아니다.
그냥 스스로를 자각한 사람이다.
그들은 이렇게 말했다.

"나처럼 살아라. 그러면 인생을 올바르게 산 것이다."

그들처럼 사는 것…….
그것이 하느님의 뜻대로 사는 길이요.
번뇌煩惱로부터 벗어나는 길이다.

이것 이외에는 없다.

30. 쳇바퀴의 무게

부처란
자신의 쳇바퀴를 버린 사람이고

그리스도란
자신의 쳇바퀴를 부순 사람이고

大人이란
자신의 쳇바퀴를 멈춘 사람이다.

그대여, 자신의 쳇바퀴가 무겁지 않은가?

31. 부동심不動心

금강경의 핵심은 흔들리지 않는 사람이 되라는 것이다.
不動心이라고도 하는 상태이다.
석가모니는 수부티에게 그 상태에 도달하는 법을 일러주셨다.
그것이 금강경의 내용이다.

어떤 것이 흔들리지 않는 상태인가?
당신 내면에서 궁금증이 다 사라진 상태이다.

32. 인仁

자기 자신을 사랑하는 것.

그 시작은 인仁.

자신과 사랑을 둘이 아닌 하나가 되게 하는 것!
그것은 바로 神과 하나가 되는 또 하나의 길이다.
이것이 공자님 말씀의 핵심이다.

33. 이웃사랑

나의 브라더이신 갈릴리 촌사람 예수는 이렇게 말씀을 하셨다.

　　"네 이웃을 네 몸과 같이 사랑하라."

그래서 나는 형님한테 이렇게 이야기했다.

　　"자기 몸을 제대로 사랑하는 사람은 그리 많지 않소. 그러니 좀
　　바꿔서 다시 이야기하이소."

그러니까, 다시 생각해보고 글로 다듬어서 이야기를 해주겠다고 하신다.
좀 기다려 봐야지……
궁금타!!!

34. 자성自性을 밝히기

自性을 밝힌 자라야 佛이 될 수 있다.
어떻게 해야 자성을 밝힐 수가 있을까?

　　苦와 空

이 두 글자만 이해하면 된다.

석가모니께서 보리수 밑에서 마지막으로 깨우치신 것이
바로 이 두 글자이다.

먼저 苦를 알아야 한다.
그런 연후라야 空을 이해할 수가 있다.

35. 예수의 생애

예수는
수행을 통해서 광야로 가야 하는 이유를 알았다.

예수는
실천을 통해서 십자가로 가야 하는 이유를 알았다.

예수는
버림을 통해서 에덴으로 가야 하는 이유를 알았다.

그의 생애는
이러한 과정을 통해서
인간이 가야 하는 당연한 길을 보여 주었다.

그래서 그가 승리자인 것이다.
그것이 다시 태어난 사람의 의미이다.

그는
인류의 구원자가 아니라
자신의 구원자이다.

36. 수행의 성취

여동빈呂洞賓이 순양자純陽子라고 불리는 이유는
자신의 본래 진기眞氣를 회복하였기 때문이다.

이 순양은
모든 것의 으뜸이라는 의미로 다른 말로 건乾이라 하고
모든 변화의 시작이므로 다른 말로 성령의 불이라고 하고
모든 생명의 근원根原이므로 다른 말로 혼원일기混元一氣라고 하기도 하고
모든 것의 진수眞髓이므로 다른 말로 금강金剛이라고 하기도 한다.

수행의 성취란 이토록 명백하고 관통貫通하는 것이다.

37. 인간의 운명

우주정신宇宙精神은 일월日月이 발發한 정精과 신神이 토土를 발생發生
함으로 인하여
그것과 합덕合德하게 됨으로써 이루어지는 것이다.
- 한동석,『宇宙 變化의 原理』

인간人間의 정신精神은 이 우주정신, 즉 토土를 바탕으로 하여서 창조가
되었다.
이것이 태초에 하느님이 인간을 만들 때 흙으로 빚어서 만들었다는
말의 구체적인 의미이다.
이렇게 인간은 精神을 가졌으므로 자기의 운명運命에 대한 결정권을
가진다.
그리고 책임도 가진다.

38. 그대가 할 일

깨달음은 얻는 것이 아니다.
깨달음은 도달하는 것이 아니다.

깨달음은 저절로 얻어지는 것이다.
깨달음은 저절로 그 자리에 서 있는 것이다.

그대가 할 일은 저 상태까지
스스로를 이끌어 가는 것이다.

이것이
그대라는 我相이 할 수 있는 유일한 일이다.
그대라는 我像이 해야 할 유일한 행동이다.
그대라는 我想이 해야 할 유일한 생각이다.

39. 복음福音

福音이란 누군가가 전해주는 소리가 아니다.
당신이 스스로 福된 사람이 되고 나면 저절로 낼 수가 있는 소리이다.
그런 사람이 될 수 있도록 하라.
석가모니도 예수도 당신처럼 평범하게 태어났지만
그런 사람이 되었다.
그렇기에 그들의 이야기를 福音이라고 하는 것이다.

40. 올바른 인간

올바른 인간이 되고 싶다면 당신이 지금 가지고 있는
"인간적인 도덕과 윤리"에 대한 생각을 바꿔라.

"왜?"라는 질문이 든다면 옳다.
거기서부터 시작이다.

41. 달마가 동쪽으로 간 이유

달마가 동쪽으로 간 까닭에는 세 가지의 이유와 의미가 있다.

한 가지는 자신의 法을 傳해야 하는 天命.
한 가지는 자신의 法을 完해야 하는 天明.
한 가지는 자신의 生을 滅해야 하는 天命.

이것이 세 가지의 이유이다.
이에 따른 세 가지의 의미도 있다.

42. 석가모니

석가모니는 인간의 업業을 없애준 게 아니다.
나처럼 수행을 하면 業을 없앨 수 있다는 것을 몸소 보여준 것이다.

그러니 석가모니를 경배하거나 믿지 마라.
그냥 석가모니처럼 살아라.
그대의 인생을 다하여서…….
이것이 석가모니가 진정으로 그대에게 하고 싶었던 말이다.

43. 예수

예수는 인간의 罪를 대속한 게 아니다.
나처럼 수행을 하면 罪를 없앨 수 있다는 것을 몸소 보여준 것이다.

그러니 예수를 찬양하거나 믿지 마라.
그냥 예수처럼 살아라.
그대의 온 삶을 다하여…….
이것이 예수가 진심으로 그대에게 하고 싶었던 말이다.

44. 공자

공자는 인간의 무지를 깨우쳐 주려고 하지 않았다.
나처럼 공부를 하면 무지에서 벗어날 수 있다는 것을 몸소 보여준
것이다.

그러니 공자를 떠받들고 그에게 불필요하게 많은 절을 하지마라.
그냥 공자처럼 살아라.
그대의 온 힘을 다하여······.
이것이 공자가 진심으로 그대에게 하고 싶었는데 말이다.

45. 주ㅊ

잘 생각해 보라.
그대가 찾는 主님이
진짜 主님인지.

괴로울 때는 酒님이 되고
즐거울 때는 主님이 되는
그런 주님은 아닌지?

46. 계율戒律

계율戒律이란
부처인 우리 개개인이 양심과 법도에 따라 살 때
현실에 드러나는 삶의 言行들이다.
누군가가 만들어 놓은 도덕과 윤리가 아니다.

이 양심과 법도는 어디서 오는가?
바로 나의 빛에서 나온다.
그러니
空한 데서 나오는 그대 자신의 빛을 밝히라.

47. 나我

나라고 생각하는 것은 내가 아니다.
너라고 생각하는 것도 네가 아니다.
우리는 지금까지 한 번도 온전하게
자기 자신인 적이 없었다.

아니라고 말하는가, 그대여?
이리 오라.
그리고 내 앞에서 당당하게 그 말을 다시
해보라.
나와 눈을 맞추고 흔들림이 없이 다시!

48. 고통

고통이라는 것은 양 날의 검劒이다.
자신에게 묶여 있는 그 무엇인가를 잘라내는 칼이다.

그 무엇을 잘라내는 고통…….
그것이 스스로 지은 업장이라면 그 고통은 자유를 준다.
그것이 스스로 지은 감정이라면 그 고통은 도피를 준다.

그런데 스스로 혼자만 지은 것이 있는가?

또 무엇을 잘라낼 것인가?

49. 금강경金剛經

석가모니께서 수부티에게 하셨던 그 말씀은
수부티와 같은 경계에 도달할 예정이거나
도달한 사람들에게 필요한 이야기이다.

그 외의 사람들에게는 그 이야기가
큰 의미도 없고
몰라도 상관이 없는 이야기이다.

이것이 수행의 세계이다.

석가모니의 수부티에 대한 이야기는
세간에서 금강경으로 일컬어진다.

50. 옳고 그름

진정한 옳고 그름을 구별하려고 하면
도덕과 윤리에서 벗어나서 보아야 한다.

그대가 하는 행동 중에서
무의식 속에서도
주변의 시선을 의식해서도
어떠한 고민도 없이
도덕과 윤리라는 인간의식의 감옥에서
벗어나서
당당하게 행할 수 있는 것이 있다면

그것이 진정한 옳고 그름인 것이다.

51. 알아보다ㅍ

부처가 다시 돌아온들 어떻게 알아볼 것이며
예수가 다시 돌아온들 어떻게 맞이할 것이며
여동빈이 다시 돌아온들 어떻게 만날 것인가?

진실로 묻노니, 그대들이 알아볼 수 있나?
진실로 스스로 말이다.

52. 종교宗敎

종교宗敎란
인간人間과 자연自然
인간人間과 우주宇宙
인간人間과 신神
이 나누는 지극히 내밀한 소통의 과정이다.

종교적인 체험들은
개인적인 차원에서 일어나는 일이고
개인적인 차원에서 경험하는 것들이다.

이 과정에서 벗어나는 것은
무엇이든 의심하라.

53. 하느님의 왕국

하느님의 왕국은 우리가 발을 딛고 있는
이 현실 세상에 건설이 되지 않는다.

새 하늘이 열리고
새 땅이 펼쳐지는
그곳에 만들어진다.

그곳은
지금의 의식을 가진
지금의 인간들이 가는 곳이 아니다.

54. 개인個人

종교는
잘 짜여진
단체나 조직의 형태가
되어서는 안 된다.

철저하게
개인들이 모인
느슨한 형태의 모임이어야 한다.

종교라는
올바른 가르침 자체가
개인만의
독특한 깨달음이기에 그렇다.

55. 예수에 대한 망상

예수를 "믿는" 거의 모든 자칭 "신자"들은
모두 한 가지 바람을 가지고 있을 것이다.

"천국"에 가서 "영생"을 얻는 것
아니면
"영생"을 얻어서 "천국"에 가는 것

그대들의 그런 생각이 얼마나 망상이라는 것을
언제쯤 스스로 "알아"차리겠는가?

그런 망상으로 제발 "예수 형님"을 그만 좀
괴롭히는 것이 어떨까?

56. 신앙信仰

신앙이란 믿고 받드는 행위를 뜻한다.

그런데
"무엇"을 믿고
"무엇"을 받든단 말인가?

인간…….
그대는 그대 자신조차 믿지 못하는데
아닌가?

스스로 믿을 수 있는 사람이 되어라.
우선…….

57. 부처

부처와 범인의 차이점은
답을 찾은 자와
답에는 관심조차 없는 자의
차이이다.

석가모니는 답을 찾은 자이다.
그래서 부처라고 불리는 것이다.

58. 자유自由

自由란
그대가 스스로 굴레를 벗어나야
얻는 것이다.

반드시 스스로 말이다.

59. 스스로 가라

구원을 원해서 예수를 믿는다면
해탈을 원해서 석가모니를 믿는다면

영생을 원해서 예수를 찾는다면
열반을 원해서 석가모니를 찾는다면

그대는 아무것도 얻지 못할 것이다.

그들은 그대들에게 그것을
"주기" 위해서 오지 않았다.

그들은 그대들에게 그 곳으로
"가도록" 하기 위해서 오셨다.

이것을 정확하게 인식하라.

60. 선물

神이 그대에게 자비심으로 주는 선물이
구원이다.

선물은
神이 그대에게 주는 것이지
그대가 떼를 써서 받는 것이 아니다.

이것을 잊지 마라.

61. 부처가 되기

석가모니께서는 부처가 되는 방법의 핵심을
가장 간단한 말로 정리를 해 주셨다.

그것은 바로
色卽是空
空卽是色

그대가 지금 인식하는 모든 것이
空하다는 것을 아는 순간
그대는 부처이다.

이것이 석가모니의 위대한 경지이다.

62. 하느님의 말씀

예수께서는 이런 말씀을 해주셨다.

"사람이 떡으로만 살 것이 아니요. 하느님의 입에서 나오는 모든 말
씀으로 살 것이라."

하느님의 입에서 나오는 말씀을
우리는 우리의 귀로 듣고 있는가?

우리가 이것을 우리의 귀로 듣는다면
우리는 반드시 실천을 할 것이다.

그리고 각자가 그리스도가 될 것이다.

이것은 사실이다.

63. 공자孔子의 인생

공자께서는

자신의 뜻을 펼치기 위한 삶을 살고자 하셨다.
하지만 하늘이 허락하지 않았다.

그래서
세상을 바꾸는 삶을 살고자 하셨다.
그것도 허락을 하지 않으셨다.

그래서
하늘의 이치를 알고자 했다.

그리고
하늘의 이치를 알고 그것을 남겼다.
그것은 허락을 받았다.

이것은 사실이다.

64. 신神의 허락

우리는
"안 되는 일을 되게 하라. 계속 노력을 하라"라는 말을 많이 한다.

하지만 이것은 틀린 말이다.

> "神의 뜻으로 허락이 된 것만 이루어진다. 그러니 그것을 위해 노
> 력하라."

이것이 맞는 말이다.

65. 의지意志

석가모니는 스스로의 의지로 부처가 되었다.
그래서 자신을 정확히 알았다.

예수는 스스로의 의지로 그리스도가 되었다.
그래서 자신을 정확히 알았다.

나도 스스로의 의지로 내가 되었다
그래서 나를 정확히 알았다.

66. 조르바 붓다

조르바 붓다가 된다는 것을 정확하게 이해하라.

붓다로서의 삶을 살겠다고 맹세한 사람은
조르바 붓다가 될 수 있다.

조르바의 삶을 살겠다고 노력하는 사람은
조르바 붓다가 될 수 없다.

67. 붓다의 가치

붓다가 되고 싶다면
우선
"붓다로서의 삶을 살겠다"는 마음을
확고하게 定하라.

"노력을 하겠다"고가 아니라
決定을 하라.

68. 예수의 구원

예수는 그대를 구원하지 않는다.

예수는 인간이 인간을 스스로 구원하는 방법을
자기 스스로의 삶으로 명확하게 보여 주었다.

　"예수를 믿고 의존하지 마라."
　"예수와 같이 살아라."

그것이 스스로를 구원하는 유일한 길이다.

69. 예수의 삶

그대는
스스로의 힘으로
스스로의 의식으로
스스로의 판단으로
스스로를 구원할 수 있는가?

갈릴리 사람 예수가 보여줬던 삶은
그 방법을 알려준 것이다.

70. 인과因果

소중한 것을 가져가려면
그만한 것을 꺼내 놓아야 한다.
이것은 수행이든 세속이든 동일하다.
이것을 因果라고 하는 것이다.

71. 반성反省

반성反省은 조용히
침묵沈默으로 하는 것이다.

72. 그리스도

예수를 만나고자 하면
먼저 그대가 그리스도가 되어라.
그러면 그대는 예수를 온전하게 볼 것이다.

73. 예수를 믿지 마라

예수를 믿지 마라.
그가 말한 것은 인간이 이루기에는 불가능한 것들이다.

예수 그리스도와 같아져라.
그가 이룬 것이야말로 인간이 마땅히 도달해야 할 유일한
그것이다.

74. 예수의 말씀

예수께서 하신 말씀들은
그대들도 할 수 있는 일들이며
당연하게 해야 할 일들이다.
그러니 그 일들을 자꾸 미루지 마라.

75. 가이샤의 길, 하느님의 길

"평안하고 걱정 없이 살고자 한다면 아는 것 모두를 말하지도 본
것 모두를 평가하지도 말라."

– 벤자민 프랭클린Benjamin Franklin

세속적인 처세술로 활용하기에는 참으로 좋은 말이다.
이대로만 살면 세속적으로 좋은 사람이라는 평가를 받을 것이다.
하나 하늘의 뜻을 다루는 수행자에게는 다르게 적용이 된다.
이렇게 말이다.

평안하고 걱정 없이 살고자 한다면
두 가지의 방법이 있다.

하나는
아는 것도 모른 체하고
모르는 것을 알려고 하지 말고

본 것도 못 본 체하고
보지 않은 것을 보려고 하지 말고

모든 것을 평가하려 하지 말고
자신이 내리는 평가를 세상의 기준에 맞춰라.

다른 하나는
모든 것을 확실히 알고

알고 있는 모든 것을 숨기지 말고
본 것에 대해서 정확하게 이해하고
모든 것을 정확하게 평가하고
그 기준에 맞지 않는 것은 다 멀리하라.
그렇게 오직 하늘 앞에 자신을 평가 받는 삶을 살아라.

당신이 선택하는 두 가지 중 한 가지가 당신의 가치관을
드러내는 것이다.
하나는 가이샤의 길
하나는 하느님의 길

그대는 어느 것인가?

76. 헛된 위안

헛된 위안이 무엇인지 알아야 한다.
헛된 것을 추구하는 것은 무지함의 결과일 뿐이다.
인생은 차근차근 자기의 소명을 다해서 살아가는 것일 뿐
한 번에 뒤바뀌는 것이 아니다.

자신의 어리석음과 탐욕과 무모함과 무식함으로
그것을 추구한다고 한들 그것은 일장춘몽일 뿐이다.

자신이 하고자 하는 일을 잘 살피라.
그래서 저 네 가지의 욕망을 항상 경계하라.
오직 그것만이 스스로를 깨어 있게 해준다.

77. 명상

명상은 마음을 다스리는 법이 아니다.
명상은 마음을 다스리고 난 후에 일어나는 현상일 뿐이다.
당신은 명상을 하거나 배울 수 없다.
명상은 스스로 일어나는 어떤 그 무엇일 뿐
당신의 생각으로 하는 행위가 아니다.
명상이란 생각이 정리가 되어서 끊어진 자리이다.
그런 자리를 생각으로 한다면 말이 되지 않는다.
명상을 제대로 체험을 하려면

먼저 그대의 마음을 다스리는 방법을 배우도록 하라.

그것이 시작이다.

그리고 마음이 무엇인지 그것부터 배우는 것이 옳을 것이다.

78. 마음心

수행자는 자신의 삶에 다가 오는 고통, 기쁨
그 무엇도 자신의 탓으로 받아들이는 사람이다.

속세인은 자신의 삶에 다가 오는 고통, 기쁨
그 모든 것을 선별해서 받아들이는 사람이다.

수행자의 내 탓은 수용心이라고 하는 것이고
속세인의 남 탓은 분별心이라고 하는 것이다.

당신은 무슨 탓을 하는가?
잠시…… 당신에게 그 어떤 일이 생겨도 말이다.

79. 심판과 종말의 의미

향香은 자신의 존재를 태워 가면서
세상에 도움을 준다.
차茶는 자신의 존재를 녹여 내면서
세상에 도움을 준다.
인간人間은 자신의 존재를
어떻게 사용하고 있는가?

인간은 자신의 욕심을 무한히 채워 가면서
세상을 망쳐 나가고 있다.

그래서
스스로의 업보로
스스로가 고통으로
제 발로 걸어 들어가고 있는 것이다.

심판과 종말이란
이런 과정의 종합적인 형태이다.

이것이 유일한 사실이다.

80. 진정으로 꽃처럼 변하고 싶다면

당신의 삶을 꽃 피우고 싶다면
당신의 마음속에 꽃씨를 심어라.

하지만
당신은
당신의 마음속에 꽃씨가 아닌 것들을 품고만 있다.

그러니
하나, 그것들을 버리고 진짜 꽃씨를 심어라.
둘, 꽃씨를 품지만 말고 마음이라는 밭에 심어라.

그리고 온 정성을 다해서 변화를 시켜라.

하지만 꽃이 피고 나면……
그 다음에는 무엇을 할 것인가?

81. 조화란 불평등을 받아들이는 것

세상에는 조화가 있다.

선한 일을 하는 사람이 많다면
악한 일을 하는 사람도 많다.

이것이 조화이다.

세상은 늘
선, 악이 공존하고
행복과 불행이 공존하고
즐거움과 고통이 공존한다.

서로 다른 것이 공존하는 것
이것이 神의 섭리이다.

그래서 평화롭고 자유롭고 평등한 세상은
세속에서 이루어지지 않는다.
이것이 道이고 理이고 神이다.

그러니 그런 것들에 대한 헛된 기대를 버려라.

82. 스스로 내딛는 그 걸음

하늘은 인간을 조종하지 않는다.
하늘을 빙자한 인간들이
또 다른 인간들을 조종한다.

하늘은 인간을 비웃지 않는다.
하늘을 빙자한 인간들이
또 다른 인간들을 조롱한다.

언제까지 그렇게 당하고만 살 것인가?
하늘은 그대에게 자유自由를 주고
땅은 그대에게 보步를 주었다.

그러니 스스로 움직이라.

83. 감사함

계절이 지나고
계절이 오면

꽃이 피고
꽃잎이 떨어지고
싹이 튼다.

하지만

싹이 트고
꽃이 피고
꽃잎이 떨어진다.

이것은 자연의 이치.

인간도
나고
자라고
아프고
죽는 것은
당연한 일.

슬프지도
기쁘지도 않다.

하지만

이제는
이런 모습들이
참으로
꿈이라는 것.

그것이 너무도 명확하니
편안히 있을 수 있구나.

일체의 불보살, 선대 스승님들께
감사를 드린다.

84. 그대의 것은 무엇인가?

가이샤의 삶을 살아가고 싶어 하는 사람은
세상의 많은 것들을 이루려고 하고
그것이 삶의 보람과 행복이라고 생각한다.

하느님의 삶을 살아가고 싶어 하는 사람은
하느님의 뜻을 이루려고 하고
그것이 삶의 보람과 행복이라고 생각한다.

삶에 필요한 돈
나의 사랑하는 가족
친한 친구 간의 우정
내가 이루어야 할 삶의 목표
이런 것들은 전부 가이샤의 것들이다.

가이샤의 것들에 대한 마음이 어떠한가?
그대의 마음…….

그대는 진정으로
하느님의 뜻대로
神의 길을 가고 싶은 사람이 맞는가?

85. 반야般若라는 물 한 잔

"사람은 꿈이 꿈인 줄 모르는 까닭에, 혹은 기뻐하고 혹은 괴로워
한다. 그 쾌락의 꿈과 고통의 꿈에서 깨어나 크게 한 번 껄껄 웃
고 명철한 눈으로 이 세계의 참 모습을 보며 살아야 한다."

- 대행스님

꿈이 꿈인 줄 알고 깨었건만
또 다른 꿈속이라니
다시 한 번 시원한 물 한 잔을 마셔야 하니
이것이 진짜 반야般若로다.

86. 잡긴 잡았는데

나도 비운다고 비웠는데
아직 숨어 있는 녀석이 있었네
꼬리는 잡았으니
끌어내야지.

세게 당겨야 하나?
살살 끌어야 하나?

이럴 때 釋大哥의 지혜가 필요하다.

87. 수행修行

수행을 시작하라고 하면
대부분의 사람들은
많은 이유를 대고 미룬다.

자신이 하고 싶은 일
자신이 해야 하는 일
을 다 마치고
시작을 하겠노라고 한다.

그런데 말이다.
왜 우주가 당신을 기다려 줘야 하는가?

88. 걸어보자

시작이 되었으니
길을 떠나보자.

길을 떠났으니
계속 걸어 가보자.

가다 보면
알아지는 길이 아니라
알기 때문에
가야 하는 일인 것이니

그대들 가슴속에 들어 있는
짐들일랑
얼른 털어버리고
묵묵히 가보자.

지금 가는 이 길은
일체의 성현불보살들이 걷던 그 길.

그들의 자취를 동무삼아
천천히 걸어보자!

그들이 기다리는
바로 저 곳으로…….

89. 내가 할 것은 오직 하나

자신이 도달했다고 생각되는 순간이
자신이 시작해야 되는 순간이다.

자신이 버렸다고 생각하는 것이 있다면
자신이 아직 쥐고 있다는 것이다.

내가 아상을 극복한다고 생각하는 때가
내가 아상에 빠져 있는 때이다.

오직 필요한 것은
내가 지켜보고
내가 생각하지 않는 것.

이것이 석가모니의 지혜이고
이것이 여동빈의 법술이다.

90. 수행이란 온전한 상태에서 하는 것

수행이란
심리적인 불안
감정적인 불균형
등으로 생긴 마음의 상처를

위로해주거나
치유하는 수단이나 방법이 아니다.

수행이란
이러한 문제들이 치유가 되어서
심리적, 감정적인 문제들이
사라지고 난 사람들이
자신의 의식을 좀 더 고양하기 위해서
택하는 방법이다.

그러니 수행을 하고 싶은 사람들은
먼저
자신의 문제를 치유하고 오라.

91. 주역周易이라는 책의 중요성

지금
이 세상의 모든 사람이 다 죽고
이 세상의 모든 문명이 사라지고
이 세상의 모든 것들이 없어져도
심지어는 나의 짝이 될 여성이 없이
나 혼자 남더라도

주역 책 한 권만 있으면

나는
새로운 문명과 사회를
창조할 수 있다.

이것이 주역의 소중함이다.

92. 사람보다 천지天地가 먼저다

참으로 아름다운 색이로다.
子正이 지나고 마신 철관음!

깊은 밤과 함께 그 색은 더욱 깊어지고
짙은 어둠과 함께 내 몸은 더욱 밝혀지고
한줄기 생각과 함께 세상은 더욱 침잠한다.

사람의 오고 감이란
본시 자신의 도리만 다하는 것.

사람보다 天地가 먼저 라는 것을 깨닫는 것.
그것이 行의 시작이다.

그러니
내가 닦는 것이 아니라
내가 닦여지도록
나를 풀어주기만 하면 될 일.

93. 사람이 있다, 있기는 하다, 있기만 하다

수행을 하려고 하는 사람이 있다.
그는 시작한다…… 늘

수행에 관심 있는 사람이 있다.
그는 책을 산다…… 늘

수행에 관심이 없는 사람이 있다.
그는 돈을 번다…… 언제나

누군가는
늘
스승을 찾는다.

누군가는
늘
사람들을 찾는다.

누군가는
언제나
신문의 정치 경제면만 본다.

94. 중요한 것은 그대의 결심이다

갖고자 하고
얻고자 하고
도달하고자 하면
그것이 어떤 것이든
수행에서는 벗어난 것이다.

가진 것도 버리고
얻을 것도 미련을 갖지 않고
도달하기 보다는 그 길을 즐긴다면
그것이 어떤 것이든
수행이 된다.

95. 자존감自存感······ 그것은 스스로 높이는 것이 아니다

自存感이란 자신이 만드는 것이 아니다.
자존감이란 자신이 세우는 것도 아니다.

自存感이란 자신의 것도 아니다.
자존감이란 자신이 아니다.

自存感이란 자신이 온전히 존재할 때
자연스레 드러나는 것이다.

자존감이란 자신을 스스로 믿을 때
나오는 것이다.

自存感……
그것은 스스로 높이는 것이 아니다.
자존감……
그것은 남에 의해서 낮춰지는 것도 아니다.

96. 신神께서 하시는 걱정

세상이 변하는 것을 두려워하지 마라.
그대가 변하는 것을 두려워하라.

세상이 타락하는 것을 걱정하지 마라.
그대가 타락하는 것을 걱정하라.

세상이 망하는 것을 걱정하지 마라.
그대는 이미 망해가고 있다.

아무 것도 걱정하지 마라.
오직 그대가 아무것도 모름을
오직 그것만을 걱정하라.

神께서는 그것을 걱정하고 계신다.

97. 어떻게 받아들일 것인가?

그대들은 그대들의 하루를
어떻게 어떤 식으로
받아들이고 이해를 하는가?

그대들은 그대들의 일주일을
어떻게 직면하고
어떤 식으로 풀어 나가는가?

그대들이
하루를 받아들이고
일주일을 풀어 나가는 것을 보면

그대들의 삶이 어떻게 되고
그대들의 운명이 어떤 모습인지
자세히 보인다.

부디
작은 것에 성실하고
부디
순간순간에 충실하라.

오직 지금 이 순간에만
존재하라.

98. 모든 것은 내가 만드는 것

망상은 내가 만드는 것
분별도 내가 만드는 것
지각도 내가 만드는 것
쓰임도 내가 만드는 것

99. 기도를 하고 싶거든······

그대가 진정으로 신에게 기도를 하고 싶거든
혼자 조용한 곳에서 무릎을 꿇어라.
그리고 침묵하라.
신은 전지전능하시다.
그대가 중언부언하면서 재잘거리지 않더라도
신은 그대의 기도 내용을 이미 다 알고 계신다.

떠들지 마라.
주장하지 마라.
강요하지 마라.
요구하지 마라.
한탄하지 마라.

그냥 조용히
그대의 입술을 닫고

그대의 감정을 닫고
그대의 마음을 닫으라.

침묵하라.

이것이 예수께서 골방에 들어가서 은밀한 곳에
계신 하느님을 찾으라고 하신 말의 의미이다.

침묵하라.

100. 본래로 如如했다

먼 곳도
가까운 곳도 없다.

좋고
나쁜 것도 없다.

기쁘고
슬픈 것도 없다.

가진 것도
놓친 것도 없다.

하지만
그대는 거기 있었고
나는 거기 있다.

그대는 그곳을 보았다
나는 그곳에 있다.

본래本來로 여여如如했다.

百圓

백원

들어가며

어려서부터 절에 다니며 단순하게 마음을 비우고 욕심을 버리는 것만이 올바르게 살아가는 것이라 여겼습니다. 하지만 삶의 굴곡을 만날 때마다 절에서 며칠 동안 밤낮으로 기도하기도 하였지만 일상으로 돌아오면 그 평온함은 잠시뿐.

현실을 받아들이지 못하여 오랜 시간을 게임 속에서 살다시피 하고 짧은 시간이었지만 연극을 통해 삶을 이해해 보려는 시도도 해보았습니다.

그러다가 군대에서 다친 몸으로 마음까지도 병들어가던 시기에 '태극권'을 접하여 맺은 무술과의 인연으로 '도화도도관'에서 지금의 스승님을 만나 뵙게 되어 '형의권'이라는 무술을 수련하게 되었습니다.

그리고 스승님께서 큰 덕을 베풀어 '혜량학당'을 열어주셨고 저의 내면을 깊이 있게 바라보는 공부를 시작하게 되어 전체적이고 변화하는 삶이 아닌 홀로 머물러 '나'의 만족만을 추구하는 에고의 작은 일부분을 조금씩 발견하게 되었습니다. 그러한 '나'의 조각들은 결국 제가 좋아하여 머물러 있고 싶은 직업과 일상이기에 그곳에서의 올바른 지켜봄은 수행과 동떨어져 있지 않음을 작게나마 알아가고 있습니다.

저의 직업인 '사회복지사'라는 영역에서 나와 다른 이들의 에고를 지켜보고 '나'를 위한 행위를 알아가고 하나씩 지워가는 작업을 아이들과 반려동물이라는 존재와 함께하며 경험하고 느낀 것을 통해 드러내고 삶의 다양한 시각을 나누고자 합니다.

01. 아이들

"아이들을 잔뜩 모아놓고 돌보는 일은 정말 어렵다.
그러나 그대가 아이들을 사랑한다면 훌륭한 수행의 기회이다."
- 오쇼 라즈니쉬Osho Rajneesh, 『CHILDREN』

아동복지 현장에서 아이들과의 첫 만남은 그리 즐겁지만은 않았다.
아이들을 이해하지 못했던 나는 많은 감정소모로 지쳐갔으나 아직
은 고정되어 있지 않은 아이들의 생각과 행동은 나의 내면을 들여다
보게 하면서 결국은 나에게 일어났던 감정과 고통은 내가 원인임을
알아가게 되었다. 그리고 고정되어 있는 나의 시각을 다양하게 바라
보도록 일깨워주고 있다.

(1) '화', 상대방의 것인지 나의 것인지 지켜보자

우리는 흔히 사람들과의 대화에서 기쁨과 슬픔을 나누며 함께 웃고 울기도 합니다. 그런데 '화'는 어떨까 생각해 봅니다. 상대방의 화를 느끼고 '화가 났구나'라고 느끼고 생각하고 판단하기보다는 자신도 모르게 상대방의 화에 휩쓸려 화를 내기도 하고 과거의 감정을 가지고 있다가 관련이 없는 일에 연관 지어 드러내기도 합니다. 이러한 상황을 오래 전 아이들과 축구를 하는 중에 일어났던 저의 일화로 살펴보겠습니다.

누군가와 부딪힌 아동은 크게 화가 난 것을 표현하고 있었지만 저에게 그러한 모습을 드러냈을 때 화가 느껴졌고 내심 버릇없는 행동으로 생각도 들었지만 잠시 자리를 피하기로 하였습니다. 그리고 '나의 화인가 아동의 화인가' 지켜보았습니다. 그리고 아동에게서 멀어져서 있다 보니 감정이 금세 사라지니 저 스스로는 내가 화가 난 것이 아니라 아동의 감정이었다는 것을 느꼈고 다시 아동에게 다가가 대화를 나누었을 때에도 여전히 화가 난 상태였지만 단순하게 자신의 억울함을 표현하고 있었다는 것이 보였습니다.

아이들이 자신의 화를 표현하고 있는 것인지 특정 상대에게 화를 내는 것인지 잘 구분하여 아동의 감정과 나의 생각을 섣불리 일치시키지 않아야 올바른 지도가 될 수 있을 것입니다.

(2) 한순간의 술 한 잔과 늘 함께하는 차 한 잔

회사에서는 화요일마다 '부모 코칭'에 대한 주제로 교육이 이루어지고 있습니다. 교육 내용 중 '어느 날 자신의 감정 조절이 이루어지지 않을 때 어떻게 대처하는가'에 대하여 이야기를 나누게 되었는데 책과 더불어 사람들 대부분이 '심호흡을 한다'라고 하였습니다. 심호흡을 하여 기운을 전환하는 것도 한 방편이겠지만 평소 자신의 호흡에 관심을 갖지 않다가 특정한 때에만 주의를 기울인다는 것에 대하여 스스로를 되돌아보아야 할 필요가 있다고 봅니다.

화가 왜 올라오는지 조차 모른 채 그 화를 다스리려 합니다. 앞에서 다루었던 (1)에서 천혜님께서 답글을 달아주신 계기로 스승님께 질문 드리며 화는 자신 스스로가 만들어낸 관념이라는 것을 이해해 보았습니다.

우리가 관계를 맺고 있는 이들에게는 굉장히 예민하게 감정을 일으키지만 그렇지 않은 모르는 사람의 어떤 상황에 대해서는 크게 관여하지 않거나 넘어가는 것과 마찬가지로 감정은 관계에 따라 스스로가 만든 관념일 뿐이라는 것입니다.

이렇게 '화'가 올라오는 것에 대한 근본적인 이유를 알고 지켜보면서 그것이 나의 욕심으로 인한 것인지 아니면 그들을 지도하기 위한 행위인지 내면 깊숙하게 바라보고 알아차려야 합니다.
저는 '부모 코칭' 교육시간에 이 말을 하고 싶었습니다. "그 상황에서만 심호흡으로 감정을 가라앉히려 하지 말고 평소 호흡을 바라보는 연습을 하자." 앞에서의 상황에서 화가 올라오면 심호흡으로 가라앉히는 것은 스트레스를 쌓아 놓고 한 잔의 술로 풀고자 하는 행위와 같을 것입니다. 하지만 그렇다고 풀리지는 않습니다. 그렇게 느낄 뿐 똑같은 상황이 오면 바뀌는 건 없습니다.

자신을 꾸준하게 지켜보며 매 순간 균형 있는 삶을 살아가는 것이야말로 다가오는 상황을 준비하고 올바른 판단으로 행동할 수 있는 기틀을 마련하는 것입니다.

(3) 지나간 감정

아이들을 지도하다 보면 감정적으로 대하는 실수를 하기도 합니다. 그래서 처음 아동이 하는 잘못된 행동에 대해서는 파악하는 정도로 생각했다가 그 잘못이 반복되면서 점점 감정이 일어나고 쌓아두었고 저는 '지금 일어난 잘못에 대한 감정'에 '과거의 쌓아온 감정'을 더하여 지도하며 있음을 느꼈습니다.

과거의 잘못된 행동은 과거에서 지금까지 그래왔다는 사실로써 잘못된 행동을 바로잡아주는 재료로만 써야 하고 반복되어온 지금 일어난 일에 대해서 '화'를 통하여 아동 스스로 실수를 바로잡아야겠다는 '경각심'을 느낄 수 있도록 해야 한다고 스스로를 정리해 보았습니다.

'화'라는 것은 단순히 그러한 기운을 띤 상태로 적절하게 사용하면 어둠을 밝게 하여 올바른 지도로 이끌 수 있겠으나 자칫 잘못하면 불이 번지듯 감정에 휩싸여 단순히 잘못된 행동을 못하게 하려는 행위가 될 수 있으니 지나온 과거의 감정에 이름을 쓰며 자기 것이라 간직하고 있지는 않은지 스스로를 잘 지켜보아야 할 것입니다.

(4) 내 자리! 내 의자야! 정말?

어느 날 두 아동이 여러 개의 의자가 있었음에도 하나의 의자를 가지고 싸움이 벌어져서 상담에 들어갈 때 이야기의 중요한 관점이 되는 스승님의 말씀이 떠올랐습니다.

"세상의 모든 것은 신의 것이지 정말 자기 것이라고 주장할 수 있는가? 물건을 이쪽에서 저쪽으로 옮겼을 뿐이지."

그래서 우선은 서로의 입장을 들어보고 싸움의 원인을 파악해 본 다음 소유의 근본적인 시각을 알려주기 위해 센터의 공공물건이지 소유를 주장할 수 있는 물건이 아님을 짚어주었습니다.

한동안 이러한 이야기를 나누니 서로에게 화난 감정으로 씩씩대고 폭발할 것 같은 모습은 사라지고 평상시 모습으로 돌아왔습니다. 어쩌면 다소 어려운 이야기일 수도 있기에 충분히 들어주고 이야기 나누었더니 그래도 스스로들을 돌아보고 자신들이 생각한 것이 잘못되었음을 조금이나마 느낀 듯하였습니다.

"얼굴들을 보니 화난 감정은 모두 사라진 것 같구나. 지금 생각해보니 아무것도 아니지?"

이해를 하는 모습에 이야기를 마치고 서로에게 미안함이 느껴지는 사과를 하며 언제 그랬냐는 듯이 장난치는 모습이 보였습니다.

이 경험을 통해 내 것이 아님에도 '내 것'이라는 관념을 가지고 스스로를 얼마나 많은 감정에 얽매어 살도록 하는지 되돌아보게 되었지만 아직은 저 또한 듣고 배운 것이 떠오르고 그것을 통해 아이들과 이야기를 나누는 정도입니다. 그래서 스스로 실천하지 않고 체험하지 않으면 지식을 전달하는 사람일 뿐 누군가를 '가르친다'라고 함부로 말할 수 없기에 앎을 실천하도록 해야 할 것입니다.

(5) 다양한 감정을 느끼고 표현하자

'여우누이'라는 '구미호'를 소재로 쓴 책을 아이들과 함께 보았습니다. 제가 봐도 그림의 느낌이나 색체가 으스스하고 오싹할 정도여서 '아이들이 무서워하지 않을까?', '보여줘도 될까?'하는 생각이 들기도 하였지만 아이들이 재미있어할 것 같아서 일단 같이 읽어 보기로 하였습니다. 동화가 끝나고 저자가 이 글을 쓴 이유를 말하기를 '아이들이라고 불안과 공포 등 부정적인 감정이라서 무조건 덮어주고 접하지 않게 하기보다는 오히려 그러한 감정이나 갈등에 대처할 수 있는 힘을 길러주는 것이 중요하다'라고 적어 놓았는데 아동과 동화책을 읽기 전에 떠올랐던 저의 생각에 충고를 던지는 말이었습니다. 저는 처음에 왜 그런 생각을 하게 되었으며 이 책의 저자는 왜 그런 의도를 가지게 되었는가를 생각해보니 제가 자라면서 감정에 대하여 '좋은 것과 나쁜 것'이라는 이름표를 붙이고 다양한 감정을 표현하지 못하도록 교육받았던 것이 떠올랐습니다.

아이들과 책을 읽기에 앞서 떠오른 '저의 생각'과 제가 받았던 어릴 적 '교육'은 앞서 짚어보았던 '체험'을 막는 망상과도 같으니 아동의 수준에 맞는 다양한 감정과 생각을 나누어 스스로 느끼고 판단해 볼 수 있는 기회를 충분하게 열어 주어야 할 것입니다.

(6) 마음 心

어느 날 아동들과 '윔지컬' 타로로 대화를 나누던 중에 "선생님, 왜 마음은 좋고 싫은 것으로 나누어지나요?"라며 농담 반 진담 반으로 질문을 던졌습니다.

이 카드에 등장하는 여신은 동화 『신데 렐라』에서 주인공의 '해결사' 역할로 등 장하여 궁전에 있는 왕자를 만날 수 있 도록 도와주면서도 12시가 지나면 마법 이 풀리도록 하여 균형 잡힌 도움을 행 하는 모습을 볼 수 있습니다.

윔지컬 타로 2번 '여신'

그녀의 배경을 보면 '해와 달'을 볼 수 있는데 이는 이승과 저승, 안과 밖, 밝음과 어둠…… 모든 사물의 음양 상태를 말하고 있으며 이러 한 상징적인 의미는 아동의 질문으로 본다면 마음(에고)을 '좋다, 나 쁘다'라는 자신만의 관점으로만 바라보기 때문이라 할 수 있습니다. 그리고 '탄트라비전II'에서는 이러한 '에고'를 다음과 같이 말하고 있습니다.

"그대가 머무르는 곳, 그대가 존재하고 싶어 하는 그 지점이 바로 그대의 에고이다. 그대의 에고가 어디에도 존재하지 않는다면 그때 그대는 모든 곳에 두루 존재할 것이다."

마음은 나누어서 한쪽에서만 바라보려 하기에 모든 곳에 존재하는 여신 카드의 '해결사'가 되기 위해서는 나와 너 그리고 우리 또 그 밖의 모든 입장에서 바라볼 수 있어야 함을 '해와 달' 그리고 하나로 통합된 '여신'으로 그 의미를 아동에게 들려주며 마음의 움직임에 대한 상담을 마쳤습니다.

(7) 아동의 질문, '사람은 왜 살아가는가'

아동: 선생님 질문이 있어요. 사람은 왜 살아가는 거죠? 태어난 것은 제가 선택한 것이 아닌데…….
백원: 내가 선택한 것인지 아닌지는 정확하게 알 수 없지.

아동: 제가 태어나게 해달라고 해서 태어난 것이 아니라 엄마가 낳아서 태어났잖아요.

백원: 음…… 이것을 선생님도 정확하게 알 수는 없지만, 여기서 '사람'에 해당하는 것은 '나 = ○○○'이라고 보는데 우선 '나'를 알아야 할 것 같아. 나는 누구일까?

아동: 저는 ○○○이에요.

백원: 그건 엄마가 지어서 준 이름이니 그것이 나라고는 할 수 없지. 그럼 나는 누구일까?

아동: 저는 그림 그리는 것을 좋아해요.

백원: 어떤 그림? 왜 좋을까. 우선은 내가 무엇을 하고, 거기서 무엇을 느끼고 왜 그런지 알아야 할 것 같아. 예수님이나 부처님처럼 깨달은 분들은 알고 있지만 선생님도 아직은 모르니 다음에 더 이어서 이야기해 보자.

스승님께 아동과 나눈 이야기를 말씀드렸더니 저에게도 아동의 질문을 하셨습니다.

스승님: 사람이 왜 살아가는지에 대해 알려면 왜 '나'를 알아야 하지? 과거에 비교하여 지금 힘든 것이 있나?

백원: 왜…… 그것과 힘들었는지를 연관하여 말씀하시는지 모르겠습니다.

스승님: 왜 그런지 생각해봐. 어떤 질문에도 막힘없이 말할 수 있어야 한다.

백원: (다음 날 아동을 만나서) ○○아 사람은 왜 살아가는지 생각해
　　　봤어?

아동: 선생님 아마도 제가 태어나고 싶어서 태어난 것 같아요.

백원: 왜? 그렇게 생각했어?

아동: 제가 태어난 것은 제가 선택했어요. 제 욕심 때문에요. 제 욕
　　　심 때문에 태어났고 살아가는 거예요.

백원: 아…… 욕심……. 그렇지, 내 욕심 때문에 태어났고 살아가고
　　　있지.

아동의 질문은 곧 저에게 던지는 질문이었지만 아직 깊이 들어가지
못하여 아직도 숙제로 남아 있습니다.

(8) 정말 누군가를 위한 도움인가?

앞서 '사람은 왜 살아가는가?'라는 질문한 아동이 이번에는 다른 주
제로 질문을 하였고 목사님의 이야기를 하면서 누군가를 도와주면
마음이 편안하다는데 왜 누군가를 도와야 하는지 그 근본적인 이
유를 물었고 아동의 대답은 질문에 질문을 거듭하였더니 세 가지로
정리가 되었습니다.

첫째, 내가 무언가 성취했다는 '느낌'을 느끼기 위해서이다. 두 번째,
내가 도와줘야 상대방도 나를 도와주기 때문이다. 끝으로, 어쩔 수
없이 서로 도와야 사회가 돌아가는 것이 아니냐는 것이었는데 아동의
질문들을 살펴보면 진정으로 상대방을 위한 마음은 없었으며 내가
무언가를 느끼기 위해 혹은 외부의 반응에 의한 움직임이었습니다.

윔지컬 타로 20번 '속삭임' 카드

아동은 상대방을 도와주는 이유들이 결국 나를 위한 것이라는 것을 느끼고 자신의 궁금증을 조금은 풀었는지 잠시 생각에 잠기고 나서 다시 웃어보여서 '윔지컬' 타로로 뽑아 본 카드로 이야기를 이어갔습니다.

백원: 처음에 질문한 것처럼 '왜 도와야 하는가?'에 대한 본인의 상황을 카드에서는 '귀뚜라미가 피노키오에게 속삭이고 있는 것'으로 표현하고 있잖아. 외부에서 만들어진 개념을 본인에게 속삭이고 있고 그러한 것들(스스로도 말했던 세 가지 조건들)에 의해 움직이고 이제는 그것을 스스로 확인하였으니 정말 남을 위해서 주는 도움은 무엇인지, 왜 도와주어야 하는지 생각해 보아야 할 것 같아.

과연 우리들은 진실한 마음으로 누군가를 도와주고 있나요?

(9) 억압

얼마 전 코끼리 조련사가 되고 싶은 아이들의 이야기를 다룬 다큐멘터리를 한 편 보았습니다. 보면서 느낀 것은 조련사가 코끼리를 길들이는 것과 어른들이 아이들을, 사회가 사람들을 길들이는 것이 다를 바가 없다는 것이었습니다.

 아이들은 순수함으로 이 세상에 태어
나고……

 동물들도 순수하게 태어나지만 이내
곧 쇠사슬에 묶입니다.

 아이들은 교육이라는 것을 통해 보이
지 않는 쇠사슬을 대신하며

 인간도 동물도 똑같은 방식으로 교육
합니다. '억압'이라는 방식으로…….

먹고 살아야 한다는 조련사는 당연하게 행동하고 조련사가 꿈인 아
이들은 혼란스러워 하였습니다. 어른들이 왜 그렇게 억압하는지…….

조련된 코끼리와 아이들 모두 쇠사슬이 사라져도 의식이 지배되어 거
기서 벗어나려 하지 않습니다. 억압은 대단히 교묘한 사슬이기에…….

(10) 비교

아이들과 '억압'에 대하여 함께 토론해 보았는데 본인 스스로 '억압'이라고 느끼는 것에 대하여 이야기해 보도록 하여 발표한 세 명의 아동 모두 '비교'당했을 때 '억압'받았다는 느낌이 들었다고 답하였습니다.

언니와 학업 성적을 비교당하거나, 환경이 전혀 다른 아이들의 생활을 빗대어 비교당해야만 했습니다. 하지만 단어의 사전적 의미를 살펴보니 아래와 같았습니다.

1) 억압: 자기의 뜻대로 자유로이 행동하지 못하도록 억지로 억누름
2) 비교: 둘 이상의 사물을 견주어 서로 간의 유사점, 차이점, 일반 법칙 따위를 고찰하는 일

사전적 의미를 살펴보면 비교라는 시각은 긍정적이거나 부정적인 것이 아니라는 것을 알 수 있었으나 아동들은 그것을 부정적으로 생각하고 있음을 발견할 수 있었습니다. 그렇다면 비교라는 생각하는 방법을 부정적으로 사용하는 그 대상(아동을 양육하고 가르치는 사람)에게 문제가 있는 것은 아닌가 하는 물음이 떠올랐습니다.

그리고 그 대상은 정성적이지 못한 비교를 받으며 성장하였거나 본인 스스로가 누군가를 그렇게 비교하는 생각을 가지고 있어서 그것

을 똑같이 답습하고 물려주는 것이기에 결국은 누군가에게 자신을 변화시켜 그것을 물려주지 않는 것이 중요하다고 생각되었습니다.

그렇다면 나는 어떨까. 저 또한 억압과 같은 비교를 받고 그대로 답습해 왔기에 이번 일을 계기로 다시 반복하지 않도록 아이들을 만나고 함께 어울리는 과정에서 그러한 일을 다시 반복하지 않는지 잘지켜보아야 하겠습니다.

(11) 아동의 꿈

생일잔치가 시작되면 각자 아이들의 꿈을 물어보고 그 꿈을 축복해주듯 다 같이 응원의 메시지를 보냅니다. '그들의 꿈은 과연 어디에서 시작되었으며 왜 꿈을 가져야 하는가?'

드넓은 평원의 양치기들에게 꿈이 무엇인지 물었더니 "그것은 굉장히 어려운 질문이다. 우리는 그냥 주어진 것에 따라 살 뿐이다"라고 하였는데 아마도 그들에게는 누구도 꿈에 대해 강요하거나 묻지 않았기 때문일 것입니다.

하지만 돌잡이에서 보여주었던 부모들의 생각과 사회적인 환경이 아이들에게 꿈을 심어 주어 꿈을 가지는 것은 당연하고 그렇지 않으면 꼭 꿈을 갖기를 바랍니다.

이것만 봐도 환경과 부모가 아이들에게 주는 영향이 얼마나 큰지 알 수 있지만 꿈에 대한 생각을 가지든 그렇지 않든 '좋다, 나쁘다'를 떠나서 스스로 생각하고 판단하는 과정은 제대로 거쳐보지도 않고 덥석 무언가를 안겨 주고 있지는 않은가 질문해 보게 됩니다.

한 달에 한 번 진행하는 생일잔치를 2년 가까이 보아 왔지만 크게 생각 없이 지켜보다가 요즘 자주 다루고 있는 '억압'이라는 주제로 글을 적어보니 다른 시각으로 바라보게 되었고 아이들과 한 아이였던 나를 바라보며 저의 가슴도 울컥하기도 하였습니다.

(12) 장난기

"순종적인 아이는 부모와 선생님, 그리고 주변 사람들에게 칭찬을 받지만 장난기가 있는 아이는 꾸지람을 듣는다. 잠재적인 반항의 위험이 도사리고 있기 때문이다. 하지만 자유롭게 놀면서 자란 아이는 남에게 쉽게 굴복하지 않으며 혁명가가 될 가능성이 높다."
– 오쇼 라즈니쉬Osho Rajneesh, 『CHILDREN』

요즘 대부분의 가정에서는 부모가 일터로 떠나고 보호를 위해 아이들만 있을 수 있는 시간을 보호받지 못하거나 남보다 뒤처지는 것 같은 부모의 불안감은 아이들을 쉬지 못하게 만들기도 합니다.

그래서 어디론가 보내지고 이렇게 모인 아이들은 집단이라는 틀 속에서 장난기를 발동하기가 쉽지 않습니다. 저도 방과 후 시간에 아이들을 돌보면서 그러한 점에서 단체생활의 규칙과 부딪히고 또 남자선생님의 시각과 여자선생님의 시각의 차이에서도 갈등이 일어납니다.

오늘도 어떤 아동이 물장난을 하다가 옷이 다 젖었는데 그걸로 혼나고 돌아왔습니다. '아니, 옷이 젖은 것이 왜 안 된다는 것이지. ○○아, 너는 옷이 젖은 걸로 왜 혼나야 하지?' 아동은 '저도 잘 모르겠어요'라며 이유도 알지 못한 채 혼이 나고 있었습니다.

혼낸 선생님으로서는 이유야 많겠지만 중요한 것은 아이들이 왜 혼나야 하는지 이유를 모른 다는 것입니다. 장난기가 있는 아이일수록 더욱더…….

아이들이 활동할 수 있는 범위를 최대한 늘려주는 자유를 주는 동시에 자신의 행동에 대한 책임감을 주어야 선생님의 눈치를 보거나 피하지 않고 스스로 균형을 잡아갈 것이며 '자유와 책임'이 두 가지 기둥을 가지고 아이들을 지도해 주는 것은 아동이 올바르게 성장해 나아갈 수 있도록 도와주는 중요한 지표일 것입니다.

(13) 사회복지사의 중재자 역할

호청님께서 부동산 중개인의 역할을 밸런싱balancing과 중정中正의 시각으로 말씀하셔서 저 또한 일상에서 마주하게 된 상황을 사회복지사의 시각으로 이야기를 열어보고자 합니다.

한 아동으로 인해 발생한 상황 속에서 제가 여러 사람을 이어주고 조율하는 중간 역할을 하게 되었는데 저의 경험은 다음과 같았습니다.

프로그램에 참여해 왔던 아동은 어느 날 갑자기 다른 스케줄이 잡히고 힘들어서 수업에 빠지겠다고 하여 아동과 더불어 그 상황과 연결되어 있는 사람들의 입장을 들어보았습니다.

1) 아동: 방과 후 공부하고 와서 힘드니 프로그램을 못하겠다. 엄마에게 힘들다고 말했더니 그럼 프로그램에 들어가지 말라고 하셨다.
2) 부모: 아동이 힘들다고 하니 쉽게 해주는 것이 좋겠다.
3) 프로그램 담당: 무조건 하기 싫다고 그냥 뺀다면 다른 아이들도 마음대로 프로그램에서 나가게 된다. 처음부터 하고 싶은 아이들을 자발적으로 받아 시작했기에 수업에 참여할 책임이 있다. 하지만 지금은 결정하지 말고 좀 더 지켜보고 결정하자.
4) 나: 일단 오늘은 참여하지 말고 다음 주에 방과 후 학습을 한 후에 한번 프로그램에 참여해보고 정말 힘들어서 못하겠다면 담당 선생님과 이야기해 보겠다. 정말 힘들고 할 수 없다면 빠지게 해야겠으나 1주일에 단 하루만 진행하기에 일단은 다음 주까지 한번 생각해보자.

다시 정리하면, 아래와 같다.

> 1) 아동이 체력적으로 많이 힘들 수 있으니 빠진다.
> 2) 본인 스스로가 책임이 있고 일주일에 한 번뿐이니 참여해야
>   한다.
> 3) 아동이 우려하는 상황을 직접 체험해보고 스스로 판단을 내릴
>   수 있는 기회를 준다.

이렇게 아동과 센터의 두 개의 관점과 행동의 주체인 아동이 선택을
내릴 수 있는 하나의 관점으로 정리를 하게 되었고, 결국, 프로그램
에 참여하는 사람을 중심으로 생각하여 다시 한 번 상황을 직시하
게 한 다음 직접 경험을 통해 선택할 기회를 주는 것이 맞다는 결론
을 내렸습니다.

많은 아이들을 상대로 생활을 하고 있기에 하나의 관점을 가지고
모두에게 동일하게 적용시키는 것은 무리가 있습니다. 그래서 상황
에 따라 끊임없이 다양한 관점을 가지고 바라보는 훈련으로 밸런싱
balancing과 중정中正을 갖추어 사회복지사로서 올바른 판단을 내릴
수 있는 안목을 가져야 할 것입니다.

(14) 아동의 오해와 두려움

아동은 손님이 맡긴 흰갈색 레트리버와 처음 어울려 보게 되었는데,
카페에 들어서자마자 짓궂게 들러붙으며 손을 살살 물며 장난을 걸
어왔지만 멍이 들 정도로 굉장히 아팠습니다. 그러한 녀석을 아동은

자신을 싫어하는 것 같다며 피하기에 레트리버의 마음은 어떤지 알아보았습니다.

* 친구Friend

개는 친구처럼 편하게 지내려 하지만 본인만 무서워하면 서로 친해질 수 없으니 친구라고 생각하고 편하게 다가가 사진을 찍어 오도록 하였습니다.

아동은 그제야 무서운 마음을 떨쳐버리며 "친구야"라고 부르며 다가가 사진을 찍어 왔습니다. 이렇게 상담을 진행해 보니 짓궂던 개와 아동의 행동을 이해하면서도 아동 스스로 불러일으킨 두려움도 떨쳐버리는 좋은 기회가 되었습니다.

(15) 우리 아이들이 중요하다면……

회의 중 있었던 일입니다. 의료기관에서 아이들을 대상으로 어떤 임상실험 관련 이야기가 나온 것입니다. "우리 아이들은 안 된다"는 말에 '그렇다면 다른 아이들이 그 임상실험에 참여하게 되나?'라는 생각이 떠올랐습니다.

생각해 보면 우리가 사용하는 모든 의약품과 의료행위는 많은 생물에 의해서 임상적으로 실험이 이루어지고 나서 안전하다는 것이 입증되면 대중들에게 적용이 되는 것입니다. 나와 연관된 누군가가 중요하다면, 다른 누군가는? 결국 지금도 계속해서 어떤 생명체의 희생으로 안정성이 확보되고 있는데 그렇게 해서 인간의 안정된 삶을 보장 받아야 하는 이유는 어디에도 없을 것입니다.

그래서 자신이 소중하다고 여기는 것이 있다면 다른 것들도 소중하다는 것을 알아야 함을 새삼 느껴 보았습니다. 영화 〈로렌조 오일 Lorenzo's Oil〉(1992)에서처럼 한 명의 희생으로 수많은 사람들을 이롭게 하는 드문 경우도 있겠지만 인간만 편하게 살아가려는 실험에 대해서 스스로 질문을 해봐야 할 것입니다.

2. 동물

"동식물들을 지켜보면서 있는 그대로를 인정하고
'지금 여기'에 온전히 내맡기는 법을 배우십시오."
– 에크하르트 톨레Eckhart Tolle, 『지금 이 순간을 살아라』

보기에 귀엽고 좋아하여 반려동물을 키우게 되었지만 다양한 어려움에 부딪혔는데 그 이유는 나의 생각대로 움직이지 않거나 혹은 내 생각대로 해석하여 바라보았기 때문이었습니다. 하지만 조금씩 알아가며 자세히 들여다보니 결국 나의 편협 된 '생각'의 문제임을 계속해서 발견하게 되었고, '나' 자신을 거울처럼 비춰주었음을 느끼며 힘들었던 시간에 오히려 감사함을 느끼게 되었습니다.

(1) Being

"하트토크 프로그램은 우리가 의식적으로 행동하기를 멈추고, 급하게 돌진하지 않고 천천히 하도록 한다면, 수용적이고 열린 상태에 놓이게 할 것이다. 그런 상태는 생각하고 있거나 무얼 하고 있는 것이 아닌 그냥 '있는(being)' 상태이다. 여러분이 하트토크 프로그램을 배울 때, 이 프로그램을 연마하기 위해 시도할 것은 그냥 아무 생각 없이 그냥 있는 것이다."
– 캐롤 거니Carol Gurney, 『애니멀 커뮤니케이션』 「제2장 하트토크 프로그램」

위에서 언급한 상태는 사람들 간의 대화에 있어서도 중요할 것입니다. 제가 자주 지적받기도 하는 면이기도 한데 상대의 말을 들을 때 그것에 자신의 생각을 가미하여 판단한다면 한 부분, 혹은 전혀 다른 뜻으로 해석하기도 하지만 수용적이고 열려있는 사람이라면 있는 그대로 전체적인 시각으로 받아들일 것입니다.

처음 사진을 통한 교감을 진행할 때였습니다. '내가 제대로 전달하고 있는 건가', 혹은 '내가 받은 대답이 맞는가' 확신이 서지 않아 교감에 있어서 무언가 확인하려는 대화가 이어졌고 그러다가 생각에 생각이 꼬리를 물어 엉뚱한 결론을 내리게 되었습니다.

확인은 교감을 마치고 그 동물의 주인과의 대화를 통해 피드백을 받거나 애니멀 커뮤니케이션의 보조도구를 사용하여 확인하면 되기에 사람과의 대화에서도 동물과의 대화에서도 마찬가지입니다.

자신의 생각을 내려놓고 수용적인 상태를 유지하여 있는 그대로를 받아들이고 알아차려야 하는데 이는 애니멀 커뮤니케이션을 위한 기본이며 일상생활 속에서의 공부가 될 것입니다.

끝으로, 책에서는 "우리는 모두 바쁘게 살아가느라 그냥 '있는' 법을 모두 잊어버렸다"라고 합니다. 여유를 갖는 습관은 빠르게 돌아가는 삶속에서 자신만의 속도로 돌아갈 줄 아는 지혜를 배우는 기본이 될 것이기에······.

Being······ 여유······

이 두 가지가 자신의 삶에 자연스레 묻어나올 때 사람, 동물 그 어떤 존재와도 깊이 있는 교감이 이루어질 것이라 봅니다.

(2) 애니멀 커뮤니케이션의 신체적인 감각

호흡 수련을 하는 와중에 하늘이와 사랑이는 저의 주위에 누워 편안하게 잠을 청하고 있었습니다. 수련을 마치고 나서 쓰다듬어 주면서 쉬고 있는데 밖에서 소음이 들려올 때마다 짖어 댔고 반가부좌 자세로 앉아 있는 저의 다리 위로 사랑이가 올라와 웅크리고 누워 있는데 밖에서 또 어떤 소리가 들려왔습니다. 그리고 사랑이가 고개를 쳐들면서 머리가 높아지는 정도와 저의 가슴 안쪽에서 불편함이 느껴지고 그 느낌이 점점 커지는 것이 비례하게 느껴졌습니다. 불편함이 어느 정도 들어찬 느낌에서 사랑이는 잠시 멈췄고 '이제 짖겠구나' 하고 생각이 들 때 밖을 향해 짖어댔습니다.

앞에서의 경험은 애니멀 커뮤니케이션의 여러 가지 라인 중 신체적인 감각으로 반려동물을 느끼는 것입니다. 그리고 보통 사람과의 관계에서 본다면 상대의 감정을 스스로가 생각하고 느끼는 감정상태가 아닌 상대의 감정이 그대로 반영된 나의 마음이 느끼는 상태와 같다고 판단됩니다. 이렇게 동물과의 '공감'은 나의 생각과 느낌을 최대한 배제하고 나에게만 집중되어 있는 의식에서 벗어나도록 이끌어 주는 중요한 관점입니다.

(3) 잠시 동안 강아지가 된 듯이

옥상에서 하늘이, 사랑이와 함께 있는데 주기적으로 계속 짖어대는 것이었습니다. 왜 그런지 잘 파악이 되지 않아 저도 바닥에 쭈그리고 앉아 강아지가 된 듯 주위의 자극에 집중해 보았습니다.

버스와 여러 차들 소리, 옆집에서 나는 소리, 사람들 지나가는 소리 등 많은 소리들 중에 일정한 시간 간격으로 지나가는 비행기 소리에 짖는 것을 알게 되어 항상 그들의 눈높이에서 바라보며 다가가야 함을 다시 한 번 느끼는 시간이었습니다.

(4) 저를 보내지 말아요

사랑이의 수컷 강아지가 다른 집으로 입양되던 날이었습니다.

분위기를 알아차렸는지 위협적인 태도로 마구 짖어댔고 활발하던 새끼 강아지도 제 옆에서 꼭 붙어 앉아 눈물을 글썽였는데 저를 곁눈질로 힐끔 힐끔 계속 바라보며 보내지 말라는 눈빛을 보냈습니다.

loneliness: 고독, 외로움

당연한 것이겠지만 사랑이가 자신의 새끼를 보내는 마음이 그대로 담겨 있네요.

두 달 된 새끼들을 보낼 때는 큰 감정이 없었는데 9개월간 같이 있던 새끼 '달'이를 보낼 때 저를 보던 눈빛이 마음을 쓰이게 하였습니다. 본인이 보고 느끼는 것과 애니멀 커뮤니케이션을 통해 알게 된 정보를 좀 더 확실하게 확인해 보기 위해서는 위와 같이 '덕위즈덤' 타로를 활용하여 동물의 상태를 파악해 볼 수 있었습니다.

(5) 날 좀 놔줘

애견카페에서 아이들과 함께 있을 때의 일입니다.

한 아동이 어떤 강아지를 안으려 하지만 자꾸 몸을 피하거나 딱딱하게 굳어 안기려 하지

않는 상황을 보게 되었습니다. 그리고 '덕위즈덤'으로 개의 상태를 뽑아보았더니 다음과 같은 의미의 카드가 나왔습니다.

disappointment: 실망, 낙심, 실망스러운 사람

이 카드가 나왔을 때는 그 대상이 자신의 의지와는 반하는 행동을 행하고 있음 예상할 수 있겠습니다. 그래서 아동에게 카드를 보여주면서 "강아지가 아직은 네가 안으려는 행동을 거부하고 있으니 개의 반응과 행동을 살피면서 천천히 조심스레 다가가는 것이 좋을 것 같아"라고 해주었더니 아이는 좀 더 조심히 강아지에게 다가가고 주의를 기울이는 모습을 볼 수 있었습니다.

이렇게 '덕위즈덤'은 애니멀 커뮤니케이션의 보조도구이면서 사람이 반려동물의 입장을 좀 더 객관적으로 판단하고 받아들일 수 있도록 도와주어 그들과의 소통을 원활하게 해주는 역할을 해줄 수 있습니다. 반대로 보자면 자신만의 뜻대로만 하려는 잘못된 행동을 일깨워주기도 합니다.

(6) 교감하려 들지 마라

"귀엽다."

동물을 귀엽다는 이유만으로 그들을 키우는 것이 올바른 행위인가? 인간이 부여한 귀엽다는 생각이 수

많은 동물들에게 엄청난 고통과 괴로움을 주고 있는데…….

그러다 문득 '동물과 대화한다, 대화하려는 생각을 가지고 있다. 왜 대화하려는 생각을 가지고 있지?'라는 생각이 들었고 '아… 내 욕심이고 대화하려는 대상으로만 삼았구나. 귀여움만으로 동물을 키우는 것과 다를 바가 없었구나'를 느꼈습니다.

누군가 대화하기 위해 '대화해야지'라고 생각하고 "너 밥 먹었니?"라고 말하거나 걸어가기 위해 '뒷발을 밀고 앞다리를 내밀고 딛고 뒷다리를 들어서 앞으로 옮기고…….' 이렇게 생각하며 걷는 사람은 거의 없을 것입니다.

동물과의 소통은 '교감해야지'가 아니라 그냥 말하고 듣는 것이고 그냥 아는 것이라 느꼈기에 억지스러운 행위는 오히려 제 자신을 막고 있었음을 느낍니다.

(7) 15년 만에 느낀 '아지'의 감정

회사 동료의 강아지가 얼마 전부터 경기를 일으킨다고 하는데 15년간 같이 살았다고 하니 나이도 거의 차서 하늘로 갈 때가 되어 그런 것이 아닌가 싶습니다. 그래서 '아지'와 교감을 시도해 보았습니다.

먼저 인사를 하니 짖는 목소리가 들렸습니다. 그리고 저도 모르게 물이 떨어지는 영상이 보여서 어제 비가 와서 그런 것인지 정확하게 어떤 의미인지는 모르겠네요. 이야기를 해도 괜찮은지 묻자 '수평보다 좀 낮게 꼬리를 살랑거리는 모습'이 보이는 걸 보니 괜찮다고 하는 듯하여 대화를 이어갔습니다. 회사 동료의 말대로 어디가 아픈지 물었더니 불편함과 함께 저의 아랫배 부분이 느껴졌는데 혼자서 해석하기보다는 다음 날 확인을 해봐야겠다는 생각이 들었습니다. 그리고 다음 질문으로는, 혹시 주인에게 바라는 점이 있는지 묻자 '그냥 지켜봐 달라'는 느낌이 들어서 주인에게 할 말이 있으면 해달라고 하였는데 '자신을 많이 사랑해 줬다'라는 것이 느껴졌습니다.
주인은 오래되어서 이제 갈 때가 된 것이 아닌가 하여 정말 그런지 물었더니 그렇다고 하였는데 이때 '덕워즈덤'으로 확인해 본 결과 예전에 있었던 사례와 비슷한 답이 나와서 흠칫 놀랐습니다.

그러다가 '아지'는 나한테 가라고 하면서 교감을 그만두기를 원하는 듯하여 인사를 나누고 교감을 마쳤습니다. 아마도 죽음이라는 점에 대해서 질문을 던진 것에서 대화를 더 이어가고 싶지 않았나 하는 생각이 듭니다.

다음 날 '아지'와 교감을 한 위의 내용을 회사 동료에게 말해주며 피드백을 받아보았습니다. '아지'의 교감에서 아픈 부위로 배가 느껴졌는데 '아지'가 아플 때 배가 부풀어 오르면서 경기를 일으킨다고 한 것으로 보아 제가 느낌을 받은 것이 맞는 것으로 판단되었습니다. 그리고 나머지 교감 내용을 말해주고 '아지' 스스로 느끼기에 주인이 자신에게 사랑을 많이 준 것 같다' 그리고 '그냥 지켜봐 달라'는 내용을 전달해 줄 때 회사동료는 눈물을 글썽였는데 아마도 15년 만에 처음으로 자신의 반려동물에 대한 감정을 알게 되어서 일 것입니다. '애니멀 커뮤니케이션'은 우리의 욕심으로 잃어버린 감각일 것입니다. 그래서 동물도 나름의 어떠한 상태와 의사를 가지고 있음 알게 하고 일방적인 소통과 인간만의 만족을 위한 행위에 대한 반성을 느끼게 해주는 것이 '애니멀 커뮤니케이션'을 하는 목적의 하나가 되어야 할 것입니다.

우빈

01. 자본주의 사회와 나

요즘 사회는 자본주의 시대라고 불립니다. 자본주의란? 이윤추구를 목적으로 하는 자본이 지배하는 경제체제, 즉 인간이 사는 세상에서 돈이 가장 중요한 시대가 되었습니다. 자본주의는 탄생 초기부터 눈에 보이는 물건부터 보이지 않는 특허권까지 모든 것을 돈으로 정하기 시작했습니다.

무엇으로? 어떠한 기준으로? 가격이 정해지는지 기준 또한 모호합니다. 그게 현재까지 이어져 사람까지 가격을 매겨서 사고, 파는 시대가 되었고 더 나아가 현실에는 없는 가상의 것들 마저 돈이라는 것으로 거래하기 시작하였으며 실체가 없는 그 무엇의 가격은 하루에도 수백, 수천 번씩 가격이 변동합니다. 그렇게 자본주의 시장은 주식시장이라는 더한 신기루를 만들어 냈습니다.

주식시장에는 천문학적인 자본이 매일같이 주식시장에 몰리고 있으며 수많은 사람들이 그 자본에 홀리듯이 주식시장으로 몰려듭니다. 돈이라고 불리는, 겉으로 보기에 너무도 화려해 보이는 유혹 속에 빠져서 나오려 하지 않습니다.

  "돈이면 무엇이든 할 수 있다."

자본주의 시장은 인간의 의식을 그렇게 한 곳으로 가두어 두는 것에 성공합니다. 사람들은 자기 자신이 가두어져 있는지도 모른 채 그 자본주의 틀 안에서 어떻게든 맞추어 살아남으려 합니다.

11년 전의 저 역시 자본주의 정점에 서있는 증시에 뜻을 두었고 기업 분석과 산업 분석뿐 아니라 여러 가지 가치 계산법 등을 공부하였습니다. 나름의 성과도 있었고 인정하기 싫었던 실패도 있었습니다. 지금 돌아보면 주식을 시작하였던 목적은 단순했습니다. 시간과 돈에 구애받지 않고 내가 하고 싶은 것을 하면서 살고 싶어서였습니다. 하지만 높은 수익률을 내보기도 하고 손해를 보고 팔기를 반복하면서 저의 욕심은 점점 더 커져있었고 천억부터가 부자라는 처음 주식을 시작하게 된 저의 계기와는 너무 벗어나 있는 생각에까지 이르게 되었습니다.

탐욕에 사로잡힌 저였기에 '나와 내 주변 사람 모두를 위한 것이다', '내가 그 큰돈을 벌어 내 주위의 모두를 금전적으로 행복하게 해줄 것이다'라는 명분을 내세워 탐욕을 합리화하였습니다.

저는 극단적인 유물론자였고 그건 주식투자에 있어서도 마찬가지였습니다. 여러 투자자들을 만나보았고 각자의 수많은 이론과 수많은 투자 방법들이 있었습니다. 그걸 듣고 난 후의 돌아오는 저의 대답은 "그래서 투자 금액 대비 실제 너의 수익률은 얼마나 되는데? 증권 계좌를 한번 공개해 봐"였습니다. 그 정도로 철저히 눈앞에 보이는 것만 믿는 저는 지금의 노사님을 만나게 되었고 수많은 의심과 의문을 넘어서 지금의 노사님 밑에서 수행을 하고 있는 사람으로 자리하게 되었습니다.

'주식과 수행, 이렇게도 다른 것을 어떻게 수행의 도구로 삼을 수 있을까?'라는 생각이 들 수도 있지만 주식은 욕심의 집합체이자 자본주의 시장의 첨병이고 오욕칠정의 모습을 너무도 잘 보여주고 있습니다. 저 역시 10년이 넘는 그 오랜 시간을 수많은 종목들을 매매하면서 희로애락과 아주 커다란 탐욕도 경험하였기에 수행에 접목시켜서 작은 느낌이나마 이 책에 적어 볼까 합니다.

02. 주식시장과 나

인간에게는 누구에게나 욕심이라는 게 있습니다. 성욕, 식욕, 수면욕은 사람이라면 누구라도 가지고 있는 욕구입니다 그러한 욕구들이 현재 시대에 와서 어느 정도 해결되기 시작하면서 사람들은 더 많은 욕심을 부리게 됩니다. 좀 더 예쁘거나, 멋진 남녀와의 성관계를 갖고 싶어 하고, 좀 더 맛있고, 있어 보이는 요리를 먹고 싶어 하고 좀 더 아늑하고 편안한 집에서 잠을 청하려 합니다.

그리고 이 모든 욕심을 해결하기 위해서, 자본주의 사회에서는 돈이라는 게 필요합니다. 세상을 살아가면서 필요한 모든 것을 돈으로 사야 하고 필요한 것이 많을수록 많은 돈이 필요하게 됩니다. 사람들은 이러한 욕심들을 채우기 위해 장사를 하고 직장을 다니고 사업을 하면서 돈을 벌고 있으며 그리고 아주 위험하지만 아주 많은 돈을 벌 수도 있는 곳이 생겼으니 그곳이 주식시장이라는 곳입니다.

하루에도 수많은 기업들이 상장을 하고 상장폐지를 당합니다. 모든 기업들이 매시간 매분 매초 단위로 가격이 변동을 하며 사람들은 그에 반응해서 투자를 합니다. 하루 종일 모니터링을 하면서 주식의 등락, 여러 가지 뉴스들을 보면서 내가 산 주식이 오를 건지 내릴 건지에 혈안이 되었습니다.

주식투자를 시작한 사람들은 기업 분석, 산업 분석, 경제 분석에 생각을 쥐어짜 내며 미래를 예측하고 현재 기업의 가격을 계산하는데 그 많은 시간을 주식시장에 나를 가둬 둔 채로 욕심에만 끌려 다니며 나의 정신을 쏟고 있습니다. 어찌 보면 주식시장은 인간세상을 그대로 닮아 있습니다. 시시각각으로 변하는 주가와 기업들의 증시 상장과 상장폐지는 인간의 희로애락 삶과 죽음과 비슷합니다.

주식투자로 큰 수익을 거두면 기뻐하고 큰 손실을 내면 슬퍼하고 분노하며 주가가 제 자리 걸음일 때에는 지루함과 인내심을 요구하며 상장된 주식을 사면서 내가 산 상장 기업의 기대를 갖고 애착을 갖습니다. 이렇듯 주식시장은 인간의 여러 가지 감정들을 다 드러내게 합니다.

이러한 감정들에 휩싸여 있을 때가 가장 중요한 순간으로 탐욕에 휩싸여 광기에 가까운 모습을 하고 있는 것은 아닌지 뒤돌아보시기를 바랍니다. 내가 지금 어느 탐욕이라는 한 감정에만 휩싸여 한쪽으로만 편중된 생각과 행동을 하고 있는 것은 아닌지? 어떠한 주식에 투자를 하면서 수익을 내고 싶은 욕심에 휩싸여 있을 때 욕심에 휩싸인 나를 보고 있는 또 다른 나의 모습이 있고 그렇게 내 안에는 수많은 내가 있다는 걸 느껴 보시길 바랍니다.

주식시장에서 돈을 많이 벌고 싶은 이유는 사람마다 전부 다릅니다. 하지만 그 어떤 이유를 꺼내더라도 "내가 원하는 걸 이루고 싶어서"라는 하나의 이유로 모아집니다. 그것이 나쁘다는 것이 아닙니다. 탐욕에 눈이 멀어져 있을 때 그때야말로 그 탐욕을 느끼는 나와 그 탐욕을 보고 있는 내가 있음을 느껴보시기 바랍니다,

아주 작은 행위이지만 내 안의 수많은 나를 지켜봄으로써 조금 더 내 안의 나로 다가갈 수 있고 내 안의 변화가 시작될 것입니다.

03. ROE와 수행

주식투자를 해봤던 사람들이라면 ROE에 대해서 잘 알겠지만 전혀 모르는 사람들을 위해 간단하게 짚고 넘어가겠습니다. ROE^{Return On Equity}는 한국어로 자기자본 수익률이라고 합니다. 즉 외부적인 자금 없이 내부적인 자금으로 얼마나 많은 수익을 냈느냐 라는 뜻입니다. 주식투자를 해봤던 사람이라면 주식투자자로 유명한 워런 버핏^{Warren Buffett}이 ROE를 중요한 투자지표로 여긴다는 사실을 알 것입니다.

그럼 제가 말하는 ROE와 수행이 무슨 관계가 있을까요? ROE는 위에서 말씀드린 대로 외부의 영향 없이 오로지 내부적인 자금으로만 순이익을 얼마나 잘 냈는지를 보여주는 지표입니다. 이것을 수행으로 이야기를 해보자면, '내 안의 있는 나를 얼마나 꾸미지 않고 있는 그대로 보여 주느냐'와 일맥상통합니다.

주식시장에서는 레버리지를 이용하여서 좋아 보이게 만드는 재무지표보다 부채, 즉 외부적인 영향을 거의 받지 않은 상태에서도 높은 ROE를 보여주는 기업을 더 선호합니다. 주식시장에서는 주식의 가치를 이렇게 판단하고 구분을 짓습니다. 내 돈이 들어가면 손해는 최소화하면서 수익은 극대화시키고 싶어 하는 게 당연하기 때문입니다.

조금은 뜬금없지만 꽃을 본 적이 있을 것입니다. 어떤 꽃은 정말 화려하게 자신을 내 비추고 어떤 꽃은 추하다는 생각이 들 정도로 이상한 꽃이 피워져 있고 어떤 꽃은 꽃을 피우지도 못한 채 꽃망울이 지기도 합니다. 하지만 그 어떤 꽃도 자기 자신이 화려하다고 자랑스러워하고 꽃망울이 못 피운 채 시들어짐을 거부하지도 않습니다. 과정과 결과를 있는 그대로 보여줄 뿐, 스스로를 옳다, 나쁘다, 아름답다, 추하다는 것으로 판단하거나 규정짓지 않습니다.

그러한 판단은 오직 사람만이 합니다. 그리고 내가 원하는 결과만이 나오기를 바랍니다. 증시에서도 ROE가 높은 기업에 투자를 하는 이유도 여기에 있습니다. ROE가 높은 기업은 성장성이 좋고 성장성이 좋은 기업은 증시에서도 좋은 평가를 받으며 거래가 됩니다. 좋은 평가를 받는 기업을 잘 분석하여서 싼 가격에 살 수 있다면 높은 수익률을 낼 수가 있습니다. 그렇다면 반드시 ROE가 높은 기업에 투자해야만 높은 수익을 낼 수가 있을까요?

꼭 그렇지만은 않습니다. 제가 투자했던 '동서'라는 기업이 대표적이 예입니다. 동서는 동서식품의 모 회사입니다. 동서식품은 다들 잘 아시겠지만 맥심 커피, 포스트 시리얼, 레드불, 필라델피아 크림치즈 등을 생산 및 수입, 유통을 독점하고 있는 회사입니다. 음식료 기업의 특성상 매출액과 이익이 이목을 끌 정도로 높지는 않아도 꾸준히 조금씩 계속 상승하는 기업입니다.

이렇게 뭔가가 특출나지 않은 기업들은 주식시장에서도 사람들에게 별다른 매력이 없습니다. 동서라는 기업 역시 주식투자를 하는 많은 사람들로부터 별 관심을 보이지 않은 주식입니다. 하지만 이 회사는 투자자들의 관심 여부와 상관없이 지금도 더디지만 꾸준하게 성장을 하며 자신의 모습을 내 비추고 있습니다.

실적에 환호성을 보낼 수도 없고, 거래량을 이용해 주가를 움직일 수도 없고, 소위 말하는 모멘텀도 없기 때문에 주가가 쉽게 오르는 기업도 아니지만 그 어떤 기업보다도 내부자금만을 이용해서 돈을 벌고 더디더라도 급하지 않고 서서히 성장해가는 모습을 보여줍니다.

그리고 주가 역시 하루, 한 달만으로 보면 거의 제자리걸음인 것 같고 지루하지만, 지금까지 동서는 매년 조금씩 상승하였습니다. 그래서 만약에 제가 이 주식을 샀던 2008년 연말에 같이 사서 별 다른 것 없이 지금까지 그냥 가지고만 있었어도 원금 대비 주가는 4배 이상 상승하였고 이제까지 받은 배당금은 투자금액 대비 수익률이 30%가 넘어갑니다.

하지만 대부분의 사람들은 이렇게 오랜 기간 주식을 가지고 있지 않을 뿐더러 다른 좋은 주식은 없는지 이보다 더 좋은, 이보다 더 나은 주식을 찾으려는 욕심 때문에 바로 눈앞에서 보여준 꽃이 정말 아름다운 꽃임을 보지 못하는 누를 범합니다.

여러분의 마음에도 동서라는 종목의 주식처럼 외부의 모습과 판단과 비교에 흔들리지 않고 오롯이 자기의 모습을 꾸밈없이 솔직하게 있는 그대로 보여줄 수 있는 그 무엇이 있는지 가만히 되뇌어 보시기 바랍니다.

04. 주식의 가치, 나의 가치

주식시장에서는 수익을 내기 위한 욕심들로 모여진 곳이기에 어떻게 하면 수익을 낼 수 있을까?라는 생각들만 하다 보니 결론은 언제 사고 언제 팔 것인가?로 모여졌고 그에 관한 방법론들도 아주 많이 나오게 되었습니다. 그렇게 오랜 시간을 거쳐서 오늘날 주식투자 방법은 크게 차트 분석과 계량적 분석으로 나누어지게 되었습니다.

저는 차트에 대해서는 모르기 때문에 그나마 조금 알고 있는 계량적 분석으로 이야기를 해볼까 합니다. 계량적 분석에도 수많은 방법이 있습니다. 흔히들 알고 있는 PER, PBR부터 잔여이익 할인 모델까지 그 중에서도 가장 유명한 계산법이 있다면 단연 DCF라고 할 수 있습니다. 현금흐름 할인기법이라고 불리는 이 계산법은 워런 버핏도 언급하고 쓰기도 했던 기법으로 존 버 윌리엄스^{John Burr Williams}라는 사람이 만든 계산법이며 주식의 가치를 처음으로 수치화시킨 기법이기도 합니다.

DCF라는 기법은 여러 가지 공식들과 가정들이 들어가 배우기도 어렵고 복잡할 뿐더러, 지극히 개인적인 판단도 들어가기 때문에 만에 하나 잘못된 판단을 내려 잘못된 계산을 하게 된다면 큰돈을 잃게 될 수도 있습니다.

그럼에도 이 주식은 원래 얼마짜리일까? 지금 사면 싸게 사는 걸까? 이 주식을 사면 어느 정도의 수익률을 낼 수 있을까?라는 질문에 진실이든 거짓이든 정확하게 숫자로 결론을 내려주기 때문에 큰 단점이 있음에도 수많은 계량적 분석 주식 투자자들이 너무도 배우고 싶어 하는 투자 방법 중 하나입니다.

위험이 있음에도 그 계산법을 배우고 싶은 것은 한치 앞을 알지 못하는 내가 사려고, 하는 내가 산 주식에 대한 불안이 있고 무엇보다 주식을 사서 얼마나 많은 수익을 낼 수 있느냐 라는 욕심이 가장 큰 이유입니다. 이렇게 외부적인 자극을 위해서만 사람들은 살아갑니다.

돈을 많이 벌고 남들에게 잘 보이고 싶은 나의 모습 그러기 위해서 이러한 수단과 방법을 가리지 않습니다. 저는 묻습니다. 진정한 나를 찾고 보는 것에 대한 시간은 얼마나 투자를 하고 있냐고……

한 번도 그렇게 시간 투자를 한 적이 없다면 아주 잠시라도 자신의 모습을 보는 것에 시간을 내 보시는 건 어떠한가요? 무한의 만족과 가치는 이미 내 안에 있습니다. 외부에 맞추려고 하지 마시길 바랍니다. 나의 진정한 가치는 외부에 있지 않습니다.

풀잎은 곤충의 먹이가 되고 곤충은 개구리의 먹이가 되고 개구리는 뱀의 먹이가 되고 뱀은 독수리의 먹이가 됩니다. 그럼 독수리가 최고의 존재일까요? 이 존재들은 나 자신을 잘나 보이기 위해, 다른 것들보다 뛰어나 보이기 위해 애쓰지 않습니다. 이 존재들은 오직 이 순간만을 살아갈 뿐입니다 그것을 구분 짓고 판단하고 좋고 나쁘고의 결론까지 내리는 것은 사람만이 합니다.

그래서 DCF와 같은 말도 안 되는 가상 이론까지 만들어 내는 것도 서슴지 않습니다. 주식을 위해 그렇게 공부하고 계산하고 연구하면서 내 자신을 위해 진정한 나를 찾기 위한 공부와 계산과 연구는 해본 적은 있나요?

하루에도 수많은 나의 소리가 들리지 않나요? 환청이라고 마냥 무시했던 소리가, 잡생각이라고 무시했던 그 모든 것들이 수 많은 나이기도 하며 이제까지 살아오면서 헤아릴 수도 없을 만큼 너무도 많이 스쳐 지나왔던 생각 속, 마음속의 그 모든 것들이 나의 모습들이라는 생각은 안 해보셨나요? 수많은 거짓된 소리를 걷어내고 희미하게 들리는 내 안의 진정한 나의 소리를 듣고 싶지는 않으신가요?

여기 주식과는 비교도 안 되는 너무도 큰 보물이 있습니다. 이 보물을 찾기 위한 계산과 연구와 어떠한 노력과 희생도 할 것이라는 각오가 되어 있으신가요? 그럼 두드리시기 바랍니다. 내 안에 잠자고 있는 진정한 나를 더 크게, 더 힘차게 두드려서 깨우시기 바랍니다.

05. 욕심, 그리고 더 크게 만들어지는 과욕

주식시장에서는 다들 알고 있지만 부정하고 싶은 확실한 진리가 있습니다. 매일, 매월, 매년, 끝없이 성장하는 회사와 주식은 없다는 것입니다. 사람들은 주식시장을 통해서 많은 수익을 원합니다. 그래서 '10루타', '텐버거' 같은 언어를 만들어 낼 정도로 한 종목에 10배가 넘는 수익을 내는 것은 주식투자를 하는 사람들에게는 꿈이기도 합니다. 저 역시 그게 꿈이자 목표이기도 하였습니다.

최근에 가장 이슈가 되는 회사 중 한미약품이라는 회사가 있습니다. 불과 1년 8개월 전만 해도 9만 원에서 머물던 이 회사의 주식은 신약의 임상실험이 순조로이 진행되고 있었다는 점, 해외 수출 계약들을 연달아 공시하였다는 점, 때문에 작년 11월 말에는 83만 원을 넘기기도 하는 등 한때 10배 가까이 상승했던 주식이었습니다.

많은 사람들이 이 회사의 미래에 투자하였습니다. 이유는 단순하였습니다. 앞으로도 돈을 잘 벌 것 같았고, 좋아 보일 것 같아서입니다. 그 마음에는 돈을 많이 벌고 싶다는 욕심이 있고 흔히들 말하는 대박을 쫓는 심리가 있습니다. 그렇게 탐욕에 사로잡혀서 거래되는 주식이었기에 잠시이긴 했지만 몇 개월 만에 10배 가까운 주식이 될 수 있었습니다. 여기에 대부분의 사람들이 의문이 남을 것 같습니다. 10배 가까이 올랐을 때 매도를 하면 큰 수익을 낼 수 있지 않았을까?

이론상으로는 당연히 그렇습니다. 2배만 올라도 원금의 배를 버는 것이기에 그것만으로도 대단한 수익률입니다. 하지만 대다수의 사람들은 거기에 멈추려 하지 않습니다. 상대적인 것입니다. 가장 낮을 때

샀던 사람은 누구일까요? 30만 원에 주식을 샀던 사람은 9만 원에 샀던 사람이 주가가 가장 낮을 때 산 것처럼 보입니다. 하지만 9만 원에 샀던 사람은 5만 원에 주식을 산 사람이 가장 낮을 때 산 것처럼 보입니다.

결국 남보다 손해는 안 보고 싶고 남보다 이익은 극대화하고 싶다는 속내가 숨어 있습니다. 욕심은 끝은 없습니다. 하지만 주식시장은 어느 주식이든 아주 많이 오를 때가 있으면 반대로 아주 많이 내려올 때도 있습니다.

최근 한미약품의 주식은 고점 대비 60% 이상 내려와 있는 상태입니다 이유는 아이러니하게도 수출계약이 해지되고 임상실험 도중 사람이 사망하는 사건이라는 이 주식이 올랐던 이유와는 반대되는 이유 때문이었습니다.

이렇듯 주식시장은 한치 앞을 예측할 수 없습니다. 그럼에도 불구하고 돈을 많이 벌고 싶다는 욕심에 눈이 멀어 사람들은 미래의 예측을 편파적으로만 시도합니다. 저에게도 저 정도까지는 아니지만 비슷한 종목이 있었습니다. 8년 전 금융시장에 큰 충격을 준 리먼 사태가 어느 정도 진정되어 가고 2010년 초반 중국은 경제 성장이라는 명목 아래 세계의 모든 원자재들을 수입하기 시작합니다. 특히 도상국의 특징인 화학제품들을 중점적으로 사들이기 시작합니다. 한국에서 생산되는 화학제품도 최대 호황기를 맞이하게 되었습니다.

주식은 실적보다 먼저 반응하는 경향이 강합니다. 저 역시 그러한 이유 때문에 이런저런 자료들을 파악하다 국도화학이라는 주식을 매입하기 시작하였습니다. 2만 4,500원이라는 저의 가격 계산 기준으로는 비교적 싼 가격에 매입을 하였고 그로부터 6개월 정도의 시간이 지난 후 중국의 수혜를 받으며 실적이 큰 폭으로 좋아졌고 주가 역시 2만 4,500원에서 8만이 넘게 거래되기도 하였습니다. 이때 매도의 시기를 고민하던 저는 큰 욕심에 사로잡혀 큰 실수를 하게 됩니다.

바로 이 호황기가 계속될 거라는 오판을 하게 됩니다 그래서 8만 원에서 편파적인 판단 끝에 10배가 넘는 수익률을 상상하면서 이 주식을 계속 가지고 가기로 결론을 내렸습니다. 하지만 이후 이 회사는 경쟁사들 간의 과열경쟁으로 회사의 수익 악화가 시작되었고 주가 역시 8만 5,000원을 최고점으로 빠지기 시작하였고 불과 몇 개월도 안 되어 주가는 3만 원대까지 내려가기도 하였습니다.

결과론적으로 보면 3만 원대까지 빠진 이 주식을 시간이 몇 개월 더 흐른 뒤 5만 8,000원에 매도하였습니다. 물론 1년여밖에 안 된 기간에 원금의 2배 이상의 수익이니 큰 수익입니다.

저의 지난날을 회상하고 보니 나의 마음속의 탐욕은 끝이 없고 탐욕은 판단을 흐리게 함을 알게 되었습니다. 눈앞에 현실을 외면하고 왜곡되게 이해합니다. 사람은 자기의 판단이라는 게 들어가는 순간 내 좋아하는 방향으로만 생각하려 합니다. 이때 이게 나의 의지인지 욕심에 끌려다닌 나인지를 빨리 알아차려야 정확한 판단을 내릴 수가 있습니다.

주식시장은 항상 과거를 통해서 미래를 파악하려 합니다. 그래서 나의 생각도 과거에는 이랬으니 미래에는 이리 될 것이다, 라는 상상의 나래를 펼칩니다. 나 자신 하나의 과거와 미래만으로도 충분히 많고 복잡한데 주식시장은 나의 머릿속을 더 복잡하게 하고 오지도 않을 미래를 설계하게 합니다. 이렇게 미래를 설계하는 동안 지금의 나는 어디에 있나요?

내 자신, 스스로를 바라보시길 바랍니다. 그리고 과거와 미래를 오가는 상황 속에서 질문을 던져 보시길 진정으로 바랍니다. 아직 오지 않은 미래나 이미 지나가 버린 과거에 집착을 하며 지금 이 순간에도 흘러가고 있는 가장 중요한 지금 이 순간의 시간을 낭비하고 있지는 않는지.

06. 끊임없이 유혹하다, 끊임없이 유혹에 속다

조금은 지루하고 조금은 어려운 이야기이지만 해보려 합니다. 이제는 상장폐지가 되어서 증시에서는 사라진 네오세미테크라는 회사가 있었습니다. 이 회사는 2007년도부터 막 뜨고 있는 태양광 산업에 관련된 회사였습니다.

당시 태양광 산업에 관심이 뜨거웠고 실제로 OCI(구 동양제철화학)와 같은 기업들이 아주 좋은 실적들을 보여주었기 때문에 태양광 관련 업종이라면 대 다수의 종목들이 상장 직후 상승하기 바빴습니다. 이렇게 사람들은 끊임없이 유행을 쫓고 소위 올해의 테마주를 쫓고 있으며 이유는 역시나 수익을 내고 싶어 하는 욕심 때문입니다. 그래서 이러한 욕심으로 인해 크게 손해 보게 되는 경우도 생깁니다. 이 네오세미테크라는 회사가 대표적인 예로 이 회사는 2009년 10월에 상장해서 2010년 8월에 상장폐지가 되기까지 1년이 안 된 시간 동안 수많은 주식투자자들에게 많은 손해를 끼쳤습니다.

이 회사는 2009년 10월 상장 직전까지 회계감사에 아무런 이상이 없었습니다. 하지만 상장 이후 처음으로 회계법인의 회계감사를 받으면서 재무제표를 믿을 수 없다는 의미인 '의견거절'을 받게 되었고, 회사의 반발에 해당 회계법인은 재 감사에 들어갔지만 오히려 더 많은 부정회계를 발견시켜 주는 계기만 만들어 주게 되었습니다.

이 회사의 2009년 총 매출액은 2010년 2월에 당시에는 1,453억 원으로 공시했지만, 첫 감사 이후 979억 원으로 줄었고 이후 재차 올라온 감사 보고서에 적힌 매출액은 187억 원으로 재무제표를 보는 사람의 눈을 의심케 할 정도로 매출액이 황당하게 줄어 있었습니다. 어떻게 이러한 부정회계가 가능했을까요?

네오세미테크는 우회상장을 하기 전 해외에 친인척 명의로 페이퍼 컴퍼니를 설립합니다. 그리고 이 페이퍼 컴퍼니에 수출하지도 않은 태양광 웨이퍼를 수출했다며 허위로 매출액을 회계 장부에 기록합니다. 그리고 이 페이퍼 컴퍼니를 통해서 마찬가지로 있지도 않은 물건을 가짜로 수입하였고 수입 대금으로 519억 원을 보내 그 금액을 전액 해외 계좌로 빼돌렸던 것입니다.

이른바 자전거래自轉去來라는 것을 악용하여서 이런 사기를 칠 수가 있었습니다. 당시 비상장사가 상장사와 합병하는 방식으로 주식시장에 상장하는 '우회상장'은 정상적인 상장 심사 절차보다 금융당국의 감독이 느슨했기 때문에 별다른 걸림돌 없이 주식시장으로 들어올 수 있었습니다.

그리고 당시 가장 뜨겁고 관심을 많이 받은 산업이 태양광 관련된 산업이었고 네오세미테크 역시 태양광 웨이퍼를 생산하는 기업이었기 더 의심이 없이 상장이 될 수 있었습니다. 애널리스트들은 네오세미테크에 찬사를 보내며 숨겨진 보물이다, 성장성에 비해 현저한 저평가 라는 자극적인 제목의 기업 분석 리포트를 적으며 개미 투자자들을 유혹하였고, 개미 투자자들은 그렇게 뭔가에 홀린 듯 개미지옥속으로 빠져 들어갔습니다. 그렇게 시가총액 4,000억 원이 넘는 기업은 휴지조각이 되어 허공에 사라졌습니다.

대부분의 주식 투자자들은 이렇게 호되게 당하고 나면 다시는 안 해야지 하면서도 이번에는 다르다는 또 다른 유혹에 다시 넘어가고 다시 후회하기를 반복합니다. 그 마음속에는 언젠가는, 한번쯤은, 이라는 기회와 큰돈을 벌고 싶다는 욕심이 숨겨져 있습니다.

주식시장이기에 욕심을 부리는 것은 당연한 것입니다. 하지만 욕심에 눈이 어두워 마음을 닫아둔 채 탐욕의 끝을 향해서만 달려가고 있지는 않나요? 주식시장 역시 사람들의 욕심이 만든 곳이기에 또 다른 인생이 펼쳐지는 곳입니다.

그렇게 감정에 휘둘리고 감정에 속고 그렇게 다시 후회하면서도 다시 또 감정에 속고 큰 욕심에 내가 집어 삼켜질 때, 탐욕의 감정에 내가 휩쓸릴 때, 그때야말로 이 욕심이 좋다, 나쁘다 구분하지 말고, 욕심에 휩쓸려 그 상태에 머무르지 말고, 끝까지 지켜만 보시기 바랍니다. 왜 이렇게 탐욕을 부리는지, 그 과정을 다큐멘터리를 보듯이 그냥 보시기를 바랍니다.
내 안의 불만족을, 내 안의 외로움을, 내 안의 채워지지 않은 허전함 때문에 자꾸 외부적인 자극으로 나를 채우려고 하는 것은 아닌지 계속 파고들어 가다 보면 내 자신이 저절로 알게 될 것입니다.

07. 슈퍼 리치를 만들어 드리겠습니다

'텐버거', '10루타' 주식을 하는 사람들은 자주 듣는 말이다. 간단히 말해 원금의 10배의 수익을 올렸다는 뜻입니다. 저에게도 이와 비슷한 주식이 몇 개가 있었습니다. 하지만 저는 그걸 가질 능력이 없었기에 그림에 떡일 뿐이었습니다.

2배, 혹은 3배에서 매도하였지만 그래도 그 정도 수익이 어디입니까? 손해를 보고 파는 사람도 많은 마당에 원금의 10배, 그것도 2년, 3년 내에 이룬다면 얼마나 달콤한가요? 1,000만 원을 넣으면 3년 안에 1억이 된다니? 엄청나지 않나요? 그럴 수만 있다면 투자할 생각은 있나요? 정말로 혹하나요?

손해를 보더라도 시도해 보고 싶나요? 그럼 당신은 손해만 보고 이용만 당하는 것입니다. 최근 회자가 된 B씨와 L씨가 대부분이 이를 이용하였습니다. 방송에 출연하는 건 돈이라는 매개체를 통해 얼마든지 출연할 수가 있습니다. 그리고 방송은 항상 각본, 특히 극적인 스토리를 좋아하기에 그것이 진실이든 거짓이든 시청률과 광고료만 받으면 그만이기에 별 신경을 쓰지 않는 것도 사실입니다. 사람들은 이렇게 자신이 속임을 당하면서도 아니라고 믿으며 자신의 물욕을 채우려 합니다.

상식적으로 들어가 보면 주식에 유입되는 돈은 천문학적이지만 무한은 아닙니다. 즉 한계가 있습니다. 그럼 그 제로섬 게임에서 정말 끝까지 살아남아 그 많은 부를 누릴 자신이 있는지 스스로에게 물어보시기 바랍니다. 증권가와 기업 오너 간의 밀접한 관계를 당신이 뛰어넘을 자신이 있는지, 그 정도까지는 아니었다면 그럼 달리 묻겠습니다. 원하는 부를 누리기 위해 얼마나 많은 노력과 희생하셨나요? 회계 서적과 기업 분석 관련 서적은 몇 권이나 읽어 보고 자기 것으로 만드셨나요? 산업 분석 서적은 읽어보셨나요? DCF, RIM, 배당모델 가치평가 방법은? 자기만의 주가 계산 방법은 만들어 두셨나요? 그렇게까지 노력하지는 않았고, 그래서 유료로 주식카페에 가입하셨다면 B씨와 L씨 같은 사람에게 속임을 당할 수밖에 없습니다.

나 자신이 아무것도 모르는데 이게 정보인지, 거짓말인지 어떻게 알 수 있을까요? "지금 너에게 사기치고 너에게 피해를 입힐 거야"라고 말하며 사기 치는 사기꾼은 절대 없습니다. 주식은 이유 없이 폭등하거나 폭락하지 않습니다. 너무 세속적인 이야기를 하였습니다. 이 글의 요지는 간단합니다. 내가 가진 능력의 한계를 잘 알고 인정해야 한다는 뜻입니다. '나'라는 사람이 욕심을 드러내면 분명 나 외의 다른 사람도 그와 같은 욕심을 드러내게 되어있습니다. 그리고 그 욕심을 이용하는 사람도 반드시 생깁니다. 욕심이라는 것 그 자체로는 나쁘다고 할 수 없습니다.

우리가 숨을 쉬고, 음식을 먹고, 수면을 취하는 것도 목숨을 유지하려는 욕심 때문입니다. 하지만 그 욕심에 자신이 삼켜지면 그때야말로 에고의 뜻대로 놀아나는 것입니다. 세속에서 탐욕 속에서 자신을 계속 가두고 한 발자국도 움직이지 않고 너무도 단단히 지키고 있는 자기 자신을 보시기를 바랍니다.

'나'라는 사람의 변화의 시작을 보려면 거기에서 한발만 벗어나서 똑같은 문제에 봉착했을 때 평소 내가 해왔던 방식이 아닌 해보지 않았던 다른 방식으로 해보며 그 과정을 끝까지 지켜보시기 바랍니다. 그럼으로 인해서 저절로 질문들이 떠올려지면 나의 다른 모습들이 있고 그것 역시 나 자신임을 알게 될 것입니다.

머릿속에서 "왜?"라는 질문이 저절로 떠오르고 나의 모습을 계속 관찰하는 내가 생겨날 때, 나의 변화는 시작될 것입니다.

08. 욕심을 보고 나를 보기 바라며

사람은 누구나 내가 하고 싶은 대로 하면서 살기만 했을 뿐 한 번도 다른 방식과 다른 선택을 해본 적이 없습니다. 그리고 그 안에는 이 제까지 해왔던 것이 가장 안전하고, 마음이 편해지는 것이라 하겠지만 다르게 말하면 이제까지 그렇게 해왔기에 지금의 내 모습이 있는 것입니다.

속세를 살아감에 있어서 원하는 대로 이뤄지고 별다른 걱정이 없다면 수행에 관심을 가질 사람이 과연 몇 명이나 있을까요? 저 역시 제가 하고 싶어 하는 것들을 금전적이 이유, 시간적인 이유로 원하는만큼 할 수 없었고 그에 대한 갈망이 끝이 없었습니다.

돈을 벌 수 있는 모든 것을 생각하고, 찾아보고, 어떻게 하면 금전적으로 시간적으로 자유로워질 수 있을까? 하는 생각이 주식으로까지 가게 되었습니다. 이게 나의 마지막 보루라는 생각으로 모든 노력을 기울여서 공부를 하였고 다른 사람들도 알 수 있는 수준까지는 올라가게 되었습니다. 하지만 거기까지일 뿐 그 이상을 돌파할 수는 없었습니다.

세상에는 100% 완벽한 투자법이란 있을 수가 없으며, 주식시장 역시 마찬가지입니다. 너무도 불안전한 형태의 모습을 보여주고 상장 폐지를 당하는 기업처럼 수천억 원이든, 수조 원이든 언제든지 하루도 안 되는 시간에 신기루처럼 사라집니다.

그럼에도 사람들은 오늘도 주식시장으로 몰려듭니다. 내가 원하는 걸 하고 싶어서 자본주의 시장의 꽃이자 꼭짓점에 위치한 주식시장은 겉보기에 너무도 화려하고 하루에도 수많은 증시 뉴스들로 도배되고 사람들은 그 안에서 새로운 투자처를 찾고 행복한 미래를 설계합니다.

그 욕심을 계속 파고들어가 보면 결국 내 안은 뭔가를 이루고 싶은 욕망, 현재의 내 모습에 만족하지는 못하는 슬픔과 분노 그리고 아직까지도 채워지지 못한 허전함뿐입니다. 욕심에는 만족이란 없기에, 욕심에는 끝이 없습니다. 돈이란 많을수록 더 많이 벌고 싶고, 무언가를 원하면 원할수록 진정한 나로부터는 조금씩 멀어집니다.

욕심에서 사로잡힌 나에게 벗어나고 싶다면 지금부터라도 욕심의 시작이 어디서부터이고, 왜 이렇게까지 집착과 욕심에 사로잡힌 채로 살아가고 있는지 나의 마음속 가장 깊숙하게 숨어있는 진정한 나라는 사람은 누구이고, 왜 지금의 내가 되었는지를 찾아보시기 바랍니다.

우리는 항상 무언가를 갈구하고, 원하고, 바랍니다. 진정한 만족이라는 것을 해본 적이 없습니다. 생각 속에서, 상상 속에서만 이러한 것들을 그리면 망상가, 철학자에 지나지 않습니다. 하지만 실제로 뛰어들고 체험하고, 경험하면 진정으로 변화되는 나를 볼 수 있습니다.

탐욕에서 숨어 있던 자신을 모습을 보고 탐욕의 힘을 수행에 쓰이기를 바라며 저의 이 작은 글이 시작으로 주식으로 통해 돈을 벌고 싶은 욕심을 수행으로, 주식에서 돈을 벌고 싶었던 그 엄청난 욕심의 힘을 수행으로 내가 누구였고 왜 태어났고 왜 지금의 내가 되었는지를 고심하고 실제 뛰어드는 내가 되는 기폭제가 되기를 바랍니다.

운검

글을 열며

저는 공직에서 무관武官으로 재직 중인 사람입니다. 이 글을 쓰게 된 첫 번째 동기는 제 개인 공부를 위해서입니다. 두 번째 동기는 보다 많은 분들과 공감하고, 때로는 비판도 받으면서 배움의 크기를 넓히고자 하는 것이었습니다.

저는 몇 가지 텍스트를 가지고 직업과 일상생활에서 관점을 얻고 질문을 던지고 싶었습니다. 그리고 그 질문의 지향점은 저의 소명召命을 알고 실천하면서 세상에 태어난 저의 목적과 쓰임을 깨닫는 것입니다.

그리고 그 깨달음은 삶에서 실천으로 드러날 것이며, 결과적으로 가정이나 직장 나아가서 사회에서 나의 위치가 더욱 명확해지리라 생각합니다. 자명自明한 이치가 나의 삶에서 구현되는 것. 이것이 제가 공부工夫를 시작한 목적입니다.

글의 방향은 텍스트에서 얻은 저만의 관점을 밝히는 것입니다. 텍스트에는 제한이 없지만 우선 크게 세 가지를 가지고 공부를 해 나가려고 합니다.

첫 번째는 무술武術입니다. "권법拳法은 병법兵法의 기초"라고 척계광은『기효신서紀效新書』에 적고 있습니다. 저는 병兵을 다루는 일을 하고 있고, 무술 수행을 하고 있습니다. 무술에서 얻은 관점이 병법이나 전략적 사고를 하는 데 있어 도움이 됩니다. 두 번째는 동서양의 병법서兵法書입니다. 그 이유는 제 직업과 관련이 있습니다. 세 번째는 일상을 지배하는 나의 의식을 다루는 가르침입니다. 마음가짐에 대한 부분이며 종교적 가르침과 영성에 관한 내용이 될 것입니다. 그 가르침은 일상생활, 직장 또는 어떠한 상황이든 실제 제 삶에서 실천의 형태로 드러나도록 하였습니다. 실사구시實事求是를 하지 않으면 형이상학적인 종교, 삶과 유리된 사상에만 머물 것이기 때문입니다.

이번 편은 지난 1년간『손자병법孫子兵法』(손무),『육도삼략六韜三略』(태공망/황.석공),『바가바드기타Bhagavad Gītā』(뱌사하),『지금 이 순간을 살아라The Power of Now』(에크하르트 톨레)를 읽으면서 기록하였던 생각들과 임무수행 중 기록하였던 일지들을 발췌한 것들입니다.

01. 유가와 병가사상

조선시대 문인들은 과거를 보기 위하여 일곱 권의 유가경전을 읽어야 했다. 이것이 사서삼경이다. 무관을 뽑기 위한 무과시험에서는 무경칠서를 과목으로 채택했다. 11세기 북송시대에 기존의 병서를 무학으로 정리한 것으로 병가의 기본 경전으로 자리 매김하게 된다. 혹자는 장원, 삼십육계, 손빈병법을 포함하여 무경십서를 들기도 한다.

유가사상과 달리 병가사상은 일종의 전략, 전술서 정도로 보는 것이 대중의 이해 수준으로 여겨진다. 그러나 병가사상은 엄연히 제자백가 사상의 일부를 이루고 있으며, 국가의 존망과 백성의 생사를 책임져야 하는 국가의 가장 중요한 역할에 충실히 하고자 했던 사상이었다.

조선은 500년 동안 성리학적 낙관주의 국가관이 지탱해 오다가 19세기 아편전쟁으로 중화질서가 무너진 이후 병법서를 치밀하게 연구해온 일본과의 대결에서 패배하였다고 분석하는 시각도 있다. 실제로 일본은 『손자병법』, 『삼략』 등 병가의 병서뿐만 아니라 전국책, 한비자 등 종횡가 법가 서적 연구도 가장 오랜 역사를 지내고 있으며, 현재까지도 이들 고전에 대한 주석서를 펴내고자 할 경우 반드시 일본 주석을 참조해야만 할 정도라고 한다.

성리학의 이상주의와 국가의 생존을 위한 병가사상은 어떻게 다른지 생각해 보았다. 전쟁은 때로 도덕적이지도 않고 이상적이지도 않으며 그 자체로 현실이므로 도외시해서는 안 된다. 병가에서는 이러한 비도덕적인 '전쟁'에 대한 철학적 고찰을 어떻게 하고 있는지 알아볼 필요가 있으며 나의 가치관을 정립해 나가야 한다. 더 나아가서 이러한 관점을 확장하여 인간의 삶에서 발생할 수밖에 없는 갈등과 싸움, 폭력에 대한 통찰과 이를 다스리는 지혜를 얻을 수 있다고 생각한다.

02. 손자, 그 현대적 의미

손자는 현대에 와서 세계적인 고전이 되었고 수많은 주석서와 독서법이 존재한다. 독자들은 군인에서 학자까지 다양하며, 일본에서는 경영이론으로까지 발전하여 세계적으로 전파되었다고도 한다. 또한 현대인들에게는 처세학이라는 명목하게 읽혀지기도 한다. 2,000년 전 세상에 나온 손자가 현대에 와서 다양하게 해석되는 것이 놀랍기도 하지만 주석서와 함께 읽으면서 그 의미를 찾지 못해 길을 잃은 적도 많이 있었다.

이 짧은 형이상학적 이론이 변화무쌍한 전쟁판에서 승리를 담보해 줄 수 있을지 감히 의구심이 들었다. 나는 나만의 관점으로 손자를 읽어야 할 필요가 있었다.

03. 전쟁의 중엄함: 전쟁에 대한 철학적 고찰

손자는 말한다. 군사를 다스리고, 전쟁을 하는 일은 국가의 중대사이다. 그것은 삶과 죽음, 국가의 존망이 달린 일이니 깊이 살펴보지 않을 수 없다.

『손자병법』 1편 앞머리에 손자는 전쟁의 중요성에 대하여 이야기한다. 그것은 극단적이다. 죽음과 삶, 국가의 존망의 기로에 서있는 '실존적 자아'에서 책은 출발한다. 그리고 그는 전쟁에 대한 깊은 고찰을 '불가불', 즉 '하지 않을 수 없다'고 강변한다. '실존적 자아'는 '하지 않을 수 없는' 현실에 내던져져 있다. 전쟁은 피할 수 없는 운명이며, 적극적으로 응전하여 승리를 쟁취해야 함을 강하게 역설하고 있다.

나의 삶 또는 타인의 삶 역시 그것이 어떠한 모습이든 삶이라는 전쟁터에 내던져져 있다. 그리고 나에게 주어진 명命에 의하여 그 삶은 이어진다.

『손자병법』 1편 시계始計에서 전쟁은 나에게 두 가지 의미가 있다. 첫째는 무관으로서 실제 전투이며 둘째는 삶과 죽음의 숙명 앞에서 극복해야만 하는 끊임없는 내면의 싸움이다. 손자는 그러한 의미에게 나에게 두 가지 의미로 읽힌다.

04. 오사칠계五事七計

(1) 오사五事

그래서 다섯 가지 일로 비교의 항목으로 삼고 계책을 비교하며 그 정황을 분명히 찾아야 한다. 첫째는 도의道義이며, 둘째는 천시天時이며, 셋째는 지리地利이며, 넷째는 장령將領이며, 다섯째는 법규法規이다. 다섯 가지 항목에 대한 데이터는 다음과 같다.

① 도의

인심을 얻는 사람은 천하를 얻고, 인심을 잃는 사람은 천하를 잃는다. 오사 중에서 도의가 가장 중요하다. 맹자는 "하늘이 준 기회는 지리적 이로움보다 못하고, 지리적 이로움은 사람의 화합보다 못하다"고 하였다.

② 천시

중국의 고대 전통에서 장수는 병음양兵陰陽을 배워야 했다. 式盤 또는 曆書를 이용하여 길흉을 정한다.

③ 지리

땅에는 無人之地와 有人之地가 있는데 유인지지는 전세에 따라 구획한 것이다. 무인지지는 땅은 원근遠近, 광협廣狹, 고하高下와 험이險易로 모양을 파악하며, 전세는 死地와 生地가 있다. 『손자병법』 11편 구지에는 사지에 대하여, "빠른 속도로 싸우면 생존할 수 있고, 빠르게 싸우지 않으면 멸망하는 곳"이라고 풀이하였다.

④ 장수

장수에게는 五德이 있으며, 智, 信, 仁, 勇, 嚴이 그것이다.

⑤ 법

법은 군대와 관련된 모든 일을 말하는데, 곡제曲制는 군대의 편제를 말하고, 관도官道는 관직을 설치하는 제도와 규정을 말한다. 또한 주용主用은 수레와 말, 무기, 소지품, 양식 등에 사용되는 각종 경비를 말한다.

(2) 칠계七計

손자는 다섯 가지에 대하여 장수가 그것을 알지 못하면 승리할 수 없다고 하며, 일곱 가지를 물어야 한다고 하였다. 이 질문으로 손자는 승패를 알 수 있다고 하였다.

① 임금은 어느 쪽이 도가 있는가?
② 장수는 어느 쪽이 재능이 있는가?
③ 천시와 지리는 어느 쪽이 장악할 수 있는가?
④ 법규와 명령은 어느 쪽이 집행할 수 있는가?
⑤ 군대는 어느 쪽이 강대한가?
⑥ 병사는 어느 쪽이 정예병인가?
⑦ 상과 벌은 어느 쪽이 엄격하고 명확한가?

05. 형세形勢: 정계定計와 용계用計

오사칠계는 形勢 중에서 形을 살피고자 하는 기준이다. 形이란 보이는 것이고, 勢는 보이지 않는 정황을 말한다. 형을 살피는 것을 定計라고 하며, 이 정계를 위해 중국인들은 묘산(廟算)을 행하였다. 풀어 설명하면 임금이 나랏일을 의논하던 '묘당'에서 '산가지'를 가지고 계산을 진행하는 것을 뜻한다(이 산가지가 발달하여 주산이 발명된다). 이 묘산을 통하여 승리를 미리 알 수 있다고 손자는 이야기한다.

그러나 이것은 알 수 있을 뿐이고, 승리를 한 것은 아니다. 보이지 않는 勢를 파악하여 실제 전투에서 나타나는 수많은 변수를 제어해야만 승리를 얻게 되는 것이다. 勢를 살피는 것을 用計라고 한다.

06. 무술과 병법

무술투로(품새, 形, 카타)를 배우는 이유는 이것을 체득화해서 물처럼 자유자재로 변화에 대응할 수 있도록 함에 있다. 배움에는 단계가 있으며 단계를 넘어서면 이전 것은 잊어버려야 한다. 투로에서 보법은 상대와 나와의 관계성을 변화시키는 진법이며 포석이다. 상대와 나와의 관계성은 변화무쌍하게 전개되며 보법과 보법으로 '형세'를 제어하고 승리를 이끌어 내는 '생지'로 움직여 상대를 '사지'로 몰아붙여야 한다(제승, 制勝). 이러한 움직임 속에 고정된 보법은 없으며, 방향성과 기세만 남게 된다.

다시 말하면, 투로에서 배운 '보법의 형태'는 방향성과 기세를 터득하고 나면 그 형태(形)를 버리고 그 안에 뜻(意)을 취해야 함을 말한다. 정계는 '형'을 제어하기 위해 오사칠계를 묘산을 통하여 계산하는 것으로 형태를 가지고 기하학적인 계산을 하는 과정이다.

용계는 이것을 실전에서 사용하여 '세'를 제어하는 것으로써 보이는 지형과 보이지 않는 지형을 모두 간파하여 승리로 이끌어 내는 것이다. 여기에는 천지만물의 실상이 펼쳐지며 공식을 가지고 이해하던 기하학적인 세계는 없다.

정계는 공식이며 용계는 실전이다. 모택동은 실전에서는 모든 전술을 잊고 전투에 임하였다고 한다(用計). 총성 한 발이 시작되는 순간 모든 계획은 계획일 뿐이다. 하지만 전술과 교범은 이를 공유하는 국가의 군대에 전술적 개념을 제시한다. 본국의 모택동과 사령관 팽덕회, 그리고 예하 지휘관 및 병사들이 일사분란하게 기동전을 펼쳐 한-미 연합군을 괴롭힐 수 있었던 것은 상하 간 전술 개념이 일치하였기 때문이다(定計).

07. 육도-문도文韜: 도의道義

문왕이 다시 물었다.

"어떻게 사람들의 마음을 모으면 천하가 돌아와 복종하겠습니까?"

태공망이 대답하였다.

"천하의 이익을 백성들과 더불어 나누는 군주는 천하를 얻고, 이와 반대로 천하의 이익을 자기 혼자만 차지하려는 군주는 반드시 천하를 잃게 됩니다. 백성들에게 진정한 삶과 진정한 이익을 돌려주는 데 힘쓰는 것이 도리입니다. 바로 이 도리가 있는 곳으로 천하가 돌아갑니다."

이 말을 들은 문왕은 두 번 절하며 이렇게 말하였다.

"선생님의 말씀이 참으로 옳습니다. 제가 어떻게 감히 하늘의 명령을 따르지 않겠습니까?"

그리고 태공망을 자신의 수레에 함께 태우고 왕궁으로 돌아와 스승으로 삼았다.

손자의 오사五事 중 첫 번째인 도의道義에 대한 부분이다. 국공내전에서 절대적 열세였던 공산당은 국민당의 공산당 토벌에서 살아남기 위해서 서금-연안으로 이어지는 그 유명한 12,500㎞ 대장정을 단행하나, 15만 대군이 죽어가면서 8,000명만이 잔존하게 된다. 이러한 절대적 열세를 극복하고 결국 승리를 쟁취한 모택동의 전략은 농민을 당의 뿌리로 삼고, 토지제도를 개혁하여 그들의 지지를 끌어낸 것이었다.

반면에 장개석은 "일본과 싸우는 건 나중 일이고 먼저 중국 공산당을 평정해야 한다"는 확고한 반공의식으로 공산당 토벌작전을 벌여 나간다. 장학량은 "일본이 중국 땅을 침략했는데 왜 우리는 같은 민족을 죽이고 있는가"라는 민족적 도의에 따라 장개석을 구금하고 그의 석방을 조건으로 국공합작을 견인해 낸다.

국공합작은 중국 공산당이 재기할 수 있는 발판을 마련해 주게 되며 결국 국민당군을 대만으로 몰아내게 된다. 국공내전의 교훈을 간단히 정리해 보자면, 모택동은 도의를 얻었고, 장개석은 이를 잃었다는 것이다.

08. 장수가 유의해야 할 다섯 가지

장수에게는 다섯 가지 위험이 있다. 반드시 죽으려 하면 죽게 될 수 있고, 반드시 살려고 하면 사로잡힐 수 있고, 성내고 급하면 모욕당하기 쉽고, 청렴하고 결백하면 욕보일 수 있으며, 군사들을 사랑하면 번민에 빠질 수 있다. 무릇 이 다섯 가지는 장수의 실수이며, 용

병의 재앙이니 군대를 전복시키고, 장수를 죽이는 것은 반드시 이 다섯 가지 위험 때문이니 깊이 살펴보아야 한다.

오사五事의 네 번째인 장수將首에 대한 부분이다. 자연인으로서의 모습과 조직원의 모습 사이에서 중용을 지키는 것이 중요한 관건이다. 개인의 도덕 관념과 조직의 운용은 또 다른 차원의 문제이다. 특히 한 집단의 생사를 가르는 전쟁 앞에서 나의 명예나 도덕적 신념 따위도 역시 아집일 수 있다는 걸 잊지 말아야겠다. 육도六韜에서는 장수의 결함을 아래 열 가지로 설명한다.

> 첫째, 용맹하지만 생명을 가벼이 여기는 자
> 둘째, 매사에 급히 서두르는 자
> 셋째, 탐욕스러워 돈을 좋아하는 자
> 넷째, 마음이 약해서 다른 사람을 혼내지 못하는 자
> 다섯째, 지혜롭지만 겁이 많은 자
> 여섯째, 스스로 신의가 있다고 여겨 남의 말을 잘 믿는 자
> 일곱째, 스스로 깨끗하다고 여겨 다른 사람을 챙기지 않는 자
> 여덟째, 똑똑하지만 결단력이 부족한 자
> 아홉째, 자기 고집만 내세우는 자
> 열 번째, 나약해서 남에게 모든 일을 맡기는 자

09. 어떤 적도 공격할 수 없는 나를 믿어라

해害를 운용하면 어떤 제후의 의지도 꺾을 수 있다. 일業을 운용하면 어떤 제후도 고생시킬 수 있다. 리利를 운용하면 어떤 제후도 불러들

일 수 있다. 그러므로 군대 운용의 법칙은 적이 오지 않게 되기를 믿지 말고 어떤 적도 대적할 수 있는 나를 믿어라. 적이 공격하지 않게 되기를 믿지 말고 어떤 적도 공격할 수 없는 나를 믿어라.

『난중일기亂中日記』에서 이순신 장군은 철저한 정보활동을 통해 승리의 조건을 만들어 나갔다. 그러한 가운데 군사훈련, 함대 전술 훈련 등 완벽한 군사 대비 태세를 유지하며 이렇게 이야기한다.

"완벽한 군비를 갖춤으로써 적에게 두려움을 갖게 하고 나는 편안함을 취하리라."

놀라운 심법이라고 생각한다. 싸움은 나와 상대방의 마음속에서 이미 시작된 것이다. 어떠한 적도 공격할 수 없고 대적할 수 있는 나를 믿게 됨은 살펴 본 바와 같이 두 가지 이익이 있으며, 기세를 만들어 내 승리에 한 걸음 더 다가가게 한다.

일상생활에서도 마찬가지다. 예상되는 문제를 철저히 분석하고 업무를 준비하면 일처리도 완벽할 뿐만 아니라 마음에 자신감이 넘칠 것이다. 이러한 태도는 겉으로 드러나고 보이지 않는 힘으로 작용할 것이다.

10. 장군이 이길 수 있다는 판단이 서면 군주가 싸우지 말라고 명령해도 싸우는 것이 옳다

전쟁의 원칙으로 따져 보아 장군이 이길 수 있다는 판단이 서면 군주가 싸우지 말라고 명령해도 반드시 싸우는 것이 옳다. 전쟁의 원칙으로 따져 보아 장군이 이기지 못한다는 판단이 서면 군주가 싸우라고 명령해도 싸우지 않는 것이 옳다. 그러므로 장군은 공격함에 개인적 명예를 구하지 말고, 후퇴함에 죄를 회피하지 않으며, 오직 병사들을 보호하는 것을 목표로 삼으며, 군주의 이익에 부합되는 일을 해야 한다. 이래야 비로소 나라의 보배가 되는 것이다.

정유재란 때 이순신 장군은 부산포 진격명령을 거부한다. 왜국 이중 첩자의 간계를 간파했기 때문이다. 결국 파직되어 압송당하고 모진 고문을 겪게 된다. 본인의 목숨보다 나라의 안위와 병사들의 목숨을 소중히 여겼기 때문이다. 조선 수군은 수적 열세에 있었고, 단 한 번의 패배로도 재기할 수 없었다는 것을 이순신은 잘 알고 있었다.

이순신 장군이 왕의 명령을 거부하자 파직, 압송되고 삼수군통제사에 원균이 부임하게 된다. 그 역시 이 싸움은 육군의 지원이 없으면 불가능하다는 것을 알게 되었다. 출격이 지지부진하자 압송되어 권율에게 곤장을 맞기까지 한 원균은 명령대로 출격하였으나 적의 매복에 걸려 칠천량 전투에서 조선 수군은 궤멸하게 된다.

진정한 리더는 자신의 판단을 믿고 행동할 수 있어야 한다. 때로 상관의 잘못된 명령을 거부할 수 있어야 한다. 조직체의 특성상 상명하복, 상경하애를 중요한 덕목으로 주입을 시키게 되는데 이것 역시 조직체의 핵심 가치와 비전에서 어긋나거나 상황이 임박하여 현장근무자의 빠른 결단을 요구할 때는 과감하게 버릴 수 있어야 한다. 이에는 먼저 그에 따르는 책임과 위험을 감수할 만한 확신과 용기가 있어야 한다.

11. 명령은 부드러운 말로 하고 통제는 힘으로 하였을 때 반드시 승리하는 군대가 된다

병졸이 아직 장군과 친숙해지지 않았는데 벌을 주면 병사들이 복종하지 않을 것이다. 복종하지 않으면 운용하기가 어렵다. 병졸이 이미 친숙해졌는데 벌을 엄하게 행하지 않으면 병사들을 부릴 수 없다. 그러므로 명령은 부드러운 말로 하고 통제는 힘으로 하였을 때 반드시 승리하는 군대가 된다.

> 유자가 말했다. "예를 시행하는 데는 조화를 귀히 여긴다. 선왕의 도는 이를 아름답게 여기셨다. 그러나 자고로 큰 일이 모두 이 조화로움에만 말미 한다면 행해지지 않을 수도 있다. 행하지 말아야 할 바가 있으니 오직 조화롭게 하려고만 하고, 예로써 조절하지 않으면 이 역시 안 될 수도 있다.
>
> － 『논어論語』 「학이 편學而篇」

예와 조화에 대한 내용이다. 조화를 꾀하되 예로써 조절해야 한다는 것이다. 군사를 다스리는 것도 마찬가지이다. 화합을 꾀하되 절도가 있어야겠다.

12. 육도-무도武韜: 성인의 도리

문왕이 태공망에게 물었다.

"성인이 지켜야할 도리는 무엇입니까?"

태공망이 대답하였다.

"하늘과 땅은 만물을 기르면서도 공을 스스로 밝히지 않습니다. 그런데도 만물이 자라게 합니다. 성인은 저절로 이루어지는 정치를 시행하면서도 이를 남에게 밝히지 않습니다. 그런데도 그 이름이 저절로 드러나게 됩니다."

"가장 훌륭한 정치는 있는 그대로의 천지 자연의 법칙과 천하 만백성의 마음을 따라가는 것이고, 백성을 다스려 교화하는 것은 그 다음입니다."

"이렇게 하늘의 법칙과 백성의 마음을 따르기만 하면 백성들이 저절로 교화되고 순순히 정치를 따르게 됩니다."

"하늘은 억지로 하는 일이 없어도 모든 일이 저절로 이루어지며, 백성들에게 아무 것도 주지 않아도 스스로 부유해집니다. 이것이 바로 성인의 미덕입니다."

순리를 말하고 있다. 만물을 비추는 태양과도 같이 공을 드러내지 않지만 만물을 자라게 하듯이 성인의 도를 행하면 그 이름이 저절로 드러난다. 하늘은 스스로 자명한 존재이므로 섭리에 따라 자신의 모습을 드러낼 뿐 자신을 주장하지 않는다. 성인은 자신의 성性을 깨닫고 하늘의 명命을 알고 행하는 자다. 자신을 알고 나에게 주어진 사명을 아는 것. 인간의 도리이면서 성인의 길이기도 하다.

13. 아홉 가지 지형: 구지九地

손자가 말하였다.

"군대를 운용하는 원칙 중에 아홉 가지 지형이 있는데 산지, 경지, 갱지, 교지, 구지, 중지, 비지, 위지, 사지가 그것이다. 제후가 자신의 영토에서 전쟁하는 곳을 산지라고 한다. 적의 지역에 들어갔지만 깊이 들어가지 않은 곳을 경지라고 한다. 아군이 점령해도 이익이 되고, 적군이 점령해도 이익이 되는 땅을 쟁지라고 한다. 아군도 쉽게 들어갈 수 있고, 적군도 쉽게 들어올 수 있는 지역을 교지라고 한다. 제후의 나라 세 곳이 접경해 있어 먼저 점령하면 천하의 많은 병사들을 얻을 수 있는 지형을 구지라고 한다. 적지에 깊이 들어가 적의 많은 성과 읍을 등지게 된 지형을 중지라고 한다. 산림, 험난한 지역, 늪지대 등 행군하지 힘든 지역을 비지라고 한다. 진입로는 좁고, 후퇴로는 멀어서 적의 적은 병력으로 아군의 대규모 병력을 공격하기 쉬운 지형을 위지라고 한다. 빨리 전투하여 승부를 내면 살아남지만 그렇지 못하면 죽는 지형을 사지라고 한다. 따라서 산지에서는 절대 싸워서는 안 되고, 경지에서는 오래 머물지 말 것이며, 쟁지에서는 공격해서는 안 되고, 교지에서는 부대 사이가 끊어져서는 안 되고, 구지에서는 외교 관계를 잘 맺고, 중지에서는 식량과 물자를 약탈하며, 비지에서는 빨리 행군하여 지나가고, 위지에서는 속임수를 써서 그 지역을 벗어나고, 사지에서는 죽기 살기로 싸워야 한다."

1편 시계에서는 묘산을 시행할 때 도, 천, 지, 장, 법을 고려해야 함을 배웠다. (오사五事) 형形이 정해지면 세勢를 파악할 수 있는데 『손자병법』11 구지 편은 '지형'과 이에 따르는 '세'를 저울질하여 군대 운용에 처신을 어떻게 해야 할지 구분하고 있다.

전장에서의 지형뿐만 아니라 현재 자신이 처한 상황 또는 처지가 어디에 있는지 아홉 가지 지형을 적용해 본다면 처지를 판단하는 관점을 얻을 수 있다.

쟁지에서는 서로 이득이 되므로 전면전이 일어날 가능성이 크다. 둘다 큰 피해를 보게 될 것이다. 반면에 사지에서는 죽음을 무릅쓰고 일전을 벌여야만 한다. 손자는 '지피지기 백전불태'를 이야기하였고, 이순신은 이를 '지피지기 백전백승'이라 하였다. 손자는 피해를 보는 승리를 원하지 않았기 때문에 '위태롭지 않은' 전술을 구사하고자 하였다. 얼마간의 이득을 보고자 피해를 감수하려고 하지 않았으나 사지에서는 죽기 살기로 싸워야 함을 이야기한다. 일상생활에서도 마찬가지다. 싸워서 쟁취할지 양보하고 넘어가야 할지 지혜롭게 판단해 보아야 한다.

14. 군사와 심리

장군의 일은 고요하게 비밀을 유지하고, 자신부터 바르게 하여 병사들을 통솔해야 한다. 병사들의 눈과 귀를 단순하게 하여 부대 계획을 모르게 해야 한다. 일을 바꾸거나 작전을 변경할 때 병사들이 알게 해서는 안 되며, 주둔지를 옮기거나 길을 우회할 때도 병사들이 짐작하지 못하게 한다. 장수는 한 번 전투 날짜가 결정되면 마치 높은 곳에 올려놓고 사다리를 치우는 것같이 해야 한다. 장수는 병사들이 한 번 적진에 깊이 들어갈 때는 활을 떠난 화살처럼 만들어야 한다.

타고 온 배를 불태우고 밥해 먹을 솥을 깨뜨려 마치 목동이 양떼를 이리저리 몰아도 양들이 어디로 가는지 알지 못하게 하듯이 해야 한다. 대규모 군대를 막다른 위험에 빠뜨려 결사의 의지를 불태우게 한다. 이것이 유능한 장군이 해야 할 일이다.

아홉 가지 지형에 따라 다양한 전술을 펼치고, 상황에 따라 전진과 후퇴를 통해 이익을 쟁취하고, 병사들을 심리적으로 분석하는 일은 장군이 잘 살펴야 할 일들이다.

분주파부焚舟破釜, 즉 배를 불태우고 솥단지를 깨뜨려 퇴로가 막힌 아군은 필사적으로 싸워 승리를 쟁취할 수 있도록 형세를 만들어 낸다. 이와 같이 장수는 아군을 자유자재로 움직일 수 있도록 병사들의 심리를 주도해야 하며, 계책을 정하고 명령을 시행할 때는 은밀하고, 권위가 있으며 신속해야 함을 말하고 있다.

15. 정보의 중요성

무릇 10만 명의 군대를 일으켜 천 리 먼 곳으로 출병하면 하루 천금의 비용이 소요된다. 조정의 안과 밖이 소란스러워지고, 도로는 군수물자 수송으로 복잡해지고 생업을 하지 못하는 자가 70만 가정에 이른다. 전쟁은 수년간 대치 상태에 있다가도 하루아침의 승부로 결정나는데 벼슬과 돈이 아까워 적의 정보를 제대로 알지 못하는 것은 어리석은 행동이다. 이런 사람은 장수가 될 수 없으며, 군주를 보좌하지 못하며, 승리의 주인공도 되지 못한다.

『손자병법』의 마지막 편 용간用間에서는 정보의 중요성을 이야기하며, 간첩을 이용하는 법을 이야기한다. 드러내 놓고 간첩을 운용하는 법에 대하여 이야기하는 것이 일종의 사술詐術이라고 생각할 수도 있지만 국가의 전쟁을 운용하는 관점에서 보아야 할 것이다.

먼저 이 구절의 의미를 깊게 생각해 본다면 용간의 기본 취지를 잘 알게 되고 그 기본 사상은 애국, 애민에서 출발했음을 알 수 있다. 다시 처음으로 돌아가, 1편 시계始計에서 손자가 처음 한 이야기를 떠올려 보자.

"군사를 다스리는 일은 국가의 큰 중대사이고, 생사가 달려 있는 곳이며, 나라의 존망이 달려 있는 일이므로 깊게 생각하지 아니할 수 없다"
(兵者, 國之大事. 死生之地, 存亡之道, 不可不察也.)

이런 손자의 고뇌를 생각해 본다면 간첩을 운용함에 있어 도덕률이나 윤리를 논하는 것이 얼마나 무의미한지 다시 알게 해준다.

16. 육도-용도龍韜: 무적의 장수는 미리 안다

장수된 자가 사람으로서는 능히 알 수도 말할 수도 없는 기미를 알아서 이를 지키는 것은 신지神知요, 사람으로서는 능히 볼 수 없을 만한 것을 자상히 보는 것은 명지明知다. 그러므로 신명의 도를 아는 장수는 아직 형태를 이루지 않는데도 지키고, 아직 싹트지 않은 것도 볼 수 있는 것으로, 싸우면 반드시 이기므로, 들에는 횡행하는 적이 없고, 이웃에는 대립할 나라가 없는 것이다.

사물을 바라보는 것에도 시視와 관觀은 차이가 있다. 시는 육안에만 의지하는 것이고 관은 오감과 육감까지 동원하는 것이다. 관세음觀世音은 어떻게 세상의 소리를 본다고 하는 것일까? '관'이라는 것은 한글 번역으로는 전달이 잘 되지 않는 복합적이고 일상 용법을 초월하는 인식 체계이다.

'관'하기 위해서는 오감이 민감해야 하며 사물을 관찰하는 호기심을 항상 가지고 있어야 한다. 결코 둔해서는 안 되며 예민해야만 한다. 이러한 신명한 도神明之道를 알기 위해서 조상들은 수신修身을 강조하였다.

수신의 방법은 일상에서부터 출발한다. 나는 에크하르트 톨레가 말한 '현존'을 마음속에 새기고 지금 이 순간 온전히 존재하고 지금 이 순간만이 나의 삶이 될 수 있도록 항상 자신을 지켜보려고 한다. 또한 나의 행동과 의지가 '진정한 나 자신眞我'에서 비롯된 것인지 부처가 말한 '5욕 7정' 또는 서양 철학에서 말하는 에고ego에서 나온 것인지 역시 지켜본다.

과거의 후회나 미래의 불안 등은 현재를 잠식시켜 지금 이 순간 존재하지 못하도록 한다. 또한 에고는 올바른 판단을 흐리게 만든다.

'현존'과 '에고를 바라봄', 이 두 가지를 가지고 매일 하루를 살아간다.

17. 손자-군쟁軍爭: 기세氣勢

> 그러므로
> 빠르기는 바람과 같고(風)
> 천천히 움직이는 것은 숲과 같다.(林)
> 침략하는 것은 마치 불과 같고(火)
> 움직이지 않는 것은 마치 산과 같다.(山)
> 숨으면 어둠과 같고(陰)
> 움직이면 우레와 같다.(雷霆)

군대를 운용하는 '기세'에 대하여 이야기하고 있다. 싸움의 형세를 만들어 내는 것은 여러 가지 요소가 있으며, 도의 천시 지리 장수 법령의 5사는 '형'을 파악하기 위한 요소임을 배웠다. '세'는 '형'을 포함하여 실제 드러난 모습이며, 외부적인 요소에 의하여 영향 받을 수도 있으며, 반대로 '세'를 일으켜 전장의 승리 요인을 만들어 낼 수도 있는 것으로 가장 중요한 것이 장수의 운용 능력이다. 군대가 정비되고, 군졸들이 령에 의하여 잘 훈련된 상태라면 '승리하는 군대'로서 형태를 갖추게 되며, 실전에서 이를 잘 운용하기 위해 장수는 상대방의 '기세'를 장악하고 아군의 '기세'를 만들어 내는 것이 가장 중요하다.

이 장의 가장 중요한 점은 이러한 기세를 '풍림화산음뢰' 여섯 가지 사물과 현상에서 뜻을 취한 것이다. 깊이 생각해 보고 마음으로 몸으로 직접 느껴 보아야 할 부분이고 긴 설명이 필요 없는 군대 운용의 전술이다.

이러한 전술을 전투에서 적극적으로 응용한 사람이 일본 전국시대의 무장 다케다 신겐武田信玄이다. 그는 『손자병법』의 이 전술에 감명을 받아 풍風, 림林, 화火, 산山을 한 글자씩 장식한 군기軍旗를 만들었으며, 이후 풍림화산風林火山은 그의 군대를 상징하는 말이 되었다.

모택동 홍군의 전법은 장개석 군대, 일본의 전투 과정에서 발전되었는데 상대적 열세였던 전력을 극복하기 위해 기묘하게 적의 약점을 찾아내고 순간적으로 전투력을 집중하여 전력의 우세를 달성해 냈다.

적을 기만하여 산악 험지로 유인 후 분산된 적을 각개격파하고, 매복을 활용하여 이동 중인 적을 섬멸하였는데 이를 달성하기 위해 빠르게 군대를 이동하여 자신이 원하는 전법 수행의 조건을 만들었다. 이와 같은 '기동전'을 전략으로 채택하였던 홍군은 산악 지형에서의 빠른 움직임 때문에 '인간원숭이'라는 별명을 얻게 되었다.

홍군의 이와 같이 빠른 기동전법은 바람과 같았고, 적을 기만하여 매복을 시행할 때는 어둠과 같았으며, 순간 전력 우세를 달성했을 때 가차 없이 적을 섬멸하는 모습은 마치 불과도 같아 보였다(최돈걸, 『한국전의 기동전 분석』).

18. [일지] 勿令妄動 靜重如山

"가벼이 움직이지 말고 산과 같이 무겁게 행동하라."

1592년 옥포해전을 앞두고 이 충무공께서 하신 말씀. 임진년 첫 출전을 앞두고 경상도 전투에서 조선군의 참패 소식을 전해들은 군졸들이 사기가 꺾이고 군영이 혼란스러워지자 이와 같은 말씀을 하셨다고 한다.

> 도의道義는 어디에 있는가. 도올 김용옥 선생은 다음과 같이 정의를 내렸다.

> 군인軍人: 타율무장집단…
> 무인武人: 자율무장집단…

군인인 내가 가진 칼은 국가와 국민에게서 온 것이다. 사무라이처럼 자기를 위해서 무기를 사용하지 않는다. 혼란스럽고 착잡한 마음에 이 충무공께 답을 청해 보았다.

19. 손자-'군정軍政': 병사들의 눈과 귀를 일치시킴

"전쟁터에서는 말소리가 서로 들리지 않기 때문에 신호수단으로 북과 징을 만들었고 눈으로 서로 보지 못하기 때문에 깃발을 만들었다."

징과 북과 깃발은 모두 병사들의 눈과 귀를 일치시키기 위함이다. 병사들이 신호에 의해 일사불란하게 되면 용감한 자라도 멋대로 돌격하지 않고 겁 많은 자라도 멋대로 도망가지 않는다. 이것이 대규모 병력을 운용하는 원칙이다. 그러므로 야간 전투에서는 불과 북을 많이 사용하고 주간 전투에서는 깃발을 많이 사용한다. 이것은 아군 병사의 눈과 귀를 일치시키기 위함이다.

병사들의 눈과 귀를 일치시키고 나아가서 눈과 귀를 밝게 하여 움직여야 할 때와 그렇지 않을 때를 명확히 구분하여야 한다. 모든 작전에 대한 묘산이 행하여졌으면 예하부대에 전술개념과 행동수칙을 공유하고 그 틀 안에서 행동에 제약이 없도록 주도적이고 능동적으로 움직이도록 해야 살아있는 작전이 시행될 것이다.

통신대책을 강구하며, 피아를 명확하게 식별하고 명확하게 짜인 편제 하에 일사분란하게 움직이도록 지휘관계를 설정한다.

내가 서 있는 곳이 묘당이며, 예하부대 지휘관을 통제하여 야전에서 병사들이 손자가 이야기한 상산의 뱀처럼 신속히 대응할 수 있어야 오합지졸이 되지 않는 것이다. 이것 역시 현장에서의 시시각각 변화하는 '세'를 제어하여 변화에 대응하기 위함이다.

정리하면 통신대책과 지휘체계 확립, 명확한 전술개념 이해가 선행되어야 군사들의 눈과 귀가 일치되는 것이다.

20. 작전교범과 매뉴얼

모든 회사나 조직체에서는 매뉴얼이라는 것이 있다. 평시 업무 매뉴얼, 비상조치 매뉴얼 등등 이름이 있는 것도 있지만 문서가 없이 조직체 내에서 통용되는 특유의 프로토콜이 존재한다. 경험해보지 않은 사람은 알 수 없고, 초심자는 이를 모르고 업무를 진행했다가 시행착오를 반복하거나 쓴 소리를 듣기 쉽다. 두 가지 유형의 매뉴얼을 표현하는 단어가 '형식지'와 '암묵지'이다.

형식지 역시 실제 해보지 않거나 매뉴얼을 만든 사람 말고는 정확히 이해하는 경우가 드물다. 형식지가 이럴 진데 암묵지의 존재를 확인하고 이를 습득하기는 더욱 힘들다. 이런 방식으로 조직원은 조직체에 적응해 나간다고 할 수 있고, 이 형식지와 암묵지를 모두 습득했다고 하면 조직 내에서 베테랑이나 업무의 달인이라고 이야기하기도 한다.

그러나 이런 방식에는 중요한 허점이 있다. 바로 조직 내부에서만 통용된다는 사실이다. 그리고 이러한 방식의 업무 습득 형태는 조직 내에서 경쟁관계로 인해 정보 접근이 제한되며 결과적으로 그 조직은 외부의 공격이나 저항에 매우 취약하게 되는 자가당착에 빠진다.

여러분들이 알고 있는 매뉴얼을 실제 쓸 수 있다고 생각하는지 되묻고 싶다. 그리고 암묵지로 내재하고 있는 수많은 업무 관행들이 하나의 조직체로서 외부 세력과 대응해야 하는 경우에 과연 신속하며 효과적으로 대응할 수 있을지 미지수다.

결과적으로 강한 조직, 이기는 조직이 되기 위해서는 구성원 모두가 공감하고 납득할 수 있는 업무표준이 이루어져야 하며, 암묵지를 최대한 양지로 표면화하고 발굴해 내야 한다. 구성원이면 모두가 업무지식과 전문성에서 상향평준화가 이루어져야 한다. 여기서부터 경쟁이 시작되어야 조직의 미래가 있고, 외부의 전쟁에 맞서서 싸워 이길 수 있는 강한 조직이 될 수 있다.

알고 있는 업무지식은 개인의 것이 아니다. 누구든지 상급자가 되면 널리 알리고 교육에 힘써야 하고 나아가서 모두가 알게끔 해야 한다. 혹 자기의 것이라고 착각하고 자기만을 돋보이게 하기 위해 치장해서는 안 된다.

무인은 담백해야 하고 모든 업무에 사심이 없어야 한다. 자기를 희생하더라도 부끄러워서는 안 되며 자기는 굶으며 어려움이 있더라도 군졸들은 배불리 먹이며 사기를 드높여야 한다. 조직원이라면 자기것은 없다. 그리고 싸울 수 없는 무기는 과감히 버리고 새것으로 바꾸고 날을 세워야 한다.

내 업무의 매뉴얼을 정확하게 숙지하고 마음대로 쓸 수 있는가? 이 매뉴얼은 사용가능한 실전적인 방식인가? 이 매뉴얼을 사용하여 훈련시키고 군졸을 마음대로 사용할 수 있는가? 이 매뉴얼을 가지고 징과 북, 깃발처럼 일사불란하고 신속하게 부대를 지휘할 수 있겠는가? 항상 생각해 보아야 할 문제일 것이다.

천혜

책을 내면서

제가 책을 내는 일은 상상도 못한 일입니다. 혜량학당이라는 이 공간을 통해서 도반들과 같이 낸다는 취지에 응하기는 했으나 막상 글을 적으려니 앞이 막막하고 걱정 투성이였습니다. 그러나 저의 내면에서 "뭘 걱정해 경험들을 적으면 되지 할 수 있어"라는 속삭임을 듣고 저는 며칠 앓아누워 있다가 그 자리를 박차고 나와 글을 적기 시작했습니다. 좋은 말, 좋은 경문들이 많이 있습니다만 저는 그냥 저의 경험을 바탕으로 하는 글을 적기로 결심을 했습니다. 투박스럽고 정교하지도 않고 매끄럽지 않겠지만 저의 진심과 경험이 제대로 전달이 되었으면 하는 바람으로 글을 적었고 그렇게 읽히기를 바라고 있습니다. 또한 솔직하고 순수하게 제가 체득한 일들만 적었습니다.

어린 시절의 어떤 경험이 생각납니다. 제가 열두 살 때 돌아가신 할아버지의 상여를 보고 서 있는데 그때 '죽으면 어디로 가지?'라는 생각이 계속 맴돌기 시작했습니다. 할아버지의 죽음이 슬프거나 마음이 아프다는 감정보다는 그냥 그렇게 의문만 생겼습니다.

그렇게 시간은 흘러 소녀가 되면서 친구들보다 사색과 자연을 좋아하고 들판에 나가 놀길 즐겼습니다. 그때부터 '이 세상이 전체가 아닐 텐데, 그럼 우리는 어디서 와서 어디로 가는가, 인간은 왜 태어나고 죽는 것인가, 인간은 어떻게 만들어졌으며 부모의 정자가 난자를 만나 수정체가 되어 한 생명이 잉태되지만 또 그 이전이 있지는 않나' 등의 복잡한 생각들을 하면서 그렇게 삶을 이어 왔습니다.

계속 살아오면서 남들과 다른 삶을 영위하고 살 것이라는 나만의 인생 설계도를 열심히 그렸지만 그 그림은 저의 의지대로 그려지질 않았습니다. 그렇게 좌절과 고통과 아픔을 견디며 외롭고 슬픈 날들을 보냈습니다. 다시 또 다시, 한 번 더 도전을 하고 또 실패로 이어지는 시간이 반복되었습니다. 그러나 단 한 가지, 저는 내 인생, 내 삶의 '변화'라는 단어를 내려놓지 않은 채 끊임없이 변화를 꿈꾸기로 했습니다.

끊임없는 변화를 원했던 건 "내가 하기 싫은 일을 하면서 살아야 했기" 때문입니다. 많은 시간이 흘러 이것이 나의 운명, 즉 팔자라는 것을 알고 허무하기도 하고 어처구니가 없기도 해서 땅을 치며 통곡하기도 했으나, 쉽게 받아들일 수 없는 시간들이 계속되었습니다. 제가 소리 죽여 우는 밤이 잦았습니다.

저는 수십억 원을 벌어 보겠다는 생각도 하지 않았고 돈에 대한 욕심보다는 한 여자로서 그냥 평범하고 소박하게 살고 싶었을 뿐입니다. 하지만 제 팔자는 그런 것과는 아주 거리가 멀었습니다.

이런 과정들을 겪으면서 '수행'이라는 것을 알게 되었고 그 이후에 천천히 팔자뿐만 아니라 서서히 나에게서 일어나는 모든 것들을 받아들이기로 했습니다. 이렇게 저의 수행은 시작되었으며 많은 우여곡절 끝에 지금처럼 이렇게 글을 적을 수 있는 기회도 주어졌습니다.

무엇 하나 내어 놓고 쓸 것 없는 사람에게 이렇게 많은 능력을 끌어내어 준, 거친 광석을 보석으로 다듬어 주신 선생님의 진정한 사랑에 감사드립니다. 여러분도 "없음에 감사"하고 "없음에 여유로운 삶"을 살 수 있으며 이를 통해서 진정한 삶의 자유를 얻으시기 바랍니다.

저 또한 늘 일상 속에서 변함이 없이 수행 정진하겠습니다.

늘 마음의 연꽃을 피우시길
천혜

01. 강렬함

나는 나의 삶을 얼마나 강렬하게 살았는지 이 시점에서 돌아보게 되는 것 같습니다. 매사를 열정적으로 살려고 하는 생각은 많이 있었지만 실제로는 늘 시들하게 식어버리기 일쑤였습니다. 삶의 본질은 고통이고 우리는 윤회의 삶을 살고 있으며 대우주의 변화 주기에 맞춰 진화할 수 있음을 알게 되고 스스로도 창조주가 될 수 있는 선택을 할 수 있음을 알게 된 후 수행을 시작하게 되었습니다. 그 후 저의 삶은 생활이 곧 '수행'이며 '강렬함'인 경험의 수행이 시작되었습니다. 조용히 지켜보고 늘 생동감과 힘이 넘치는 수행이 되도록 집중을 하며 수행 정진하게 되었습니다.

연인들의 사랑 속에서는 자신이 사라지고 오직 상대만이 존재하는 경험을 누구나 한 번쯤은 해보았을 것입니다.

라즈니쉬Osho Rajneesh는 말씀하십니다.

> "당신이 전적으로 강렬하게 산다면 그때 당신은 자유이다. 당신은 그 순간에 살았고 이것은 끝이 났다. 당신은 뒤돌아보지 않고 앞도 보지 않으며 단순히 지금 여기에 남아 있다. 거기에는 과거도 없고 미래도 없다. 그것이 내가 말하는 축제다. 진정한 축제의 순간에는 오직 현재만이 존재한다."

02. 깨어 있음

일상에서 우리는 얼마나 깨어 있을까요?

수행을 통해서 깨어 있는 의식으로 매사에 임하려 하지만 새로운 일들이 발생하게 되면 곧바로 마음이란 에고에 휩싸여 감정적으로 일을 처리하는 일이 많이 발생합니다. 이러한 상황이 발생될 때 깨어 있는 의식으로 지켜보고 마음이 어떻게 작용하는지 주시하면 감정으로부터 분리가 되고 에고에서 벗어나면서 여유로운 깨어 있음이 일어나는 것을 체험하고 있습니다.

라즈니쉬는 말씀하십니다.

> "이것은 평범한 금속이 금으로 변형되는 방법이다. 무의식 속에서 당신은 보통 금속이지만 의식과 함께 할 때 당신은 금이 되고 변형될 것이다. 단지 자각의 불꽃만이 필요하다. 그 밖의 것들은 모자람이 없이 모든 것은 거기에 있다. 자각의 불꽃과 함께 새로운 질서가 생겨난다."

스승님께서도 말씀 하셨습니다.

> "즐거운 일, 괴로운 일을 나누지 말라. 그냥 일어난 일이니 지켜보라."

우리가 깨어 있는 의식으로 생활을 하면 마음이 변하고 의식이 변해서 우주 전체를 바라보는 의식으로 변화하고 진화를 경험하게 되는 것을 알고 있습니다. 이 순간에도 나의 의식은 온전히 깨어 있는 상태이길 바랍니다.

03. 성숙

여기서 성숙은 "내면으로 향한 여행"을 의미합니다. 외부적인 경험이나 세련됨 등으로 표현되는 일반적인 단어의 성숙이 아닌 자신의 내면으로 깊이 들어감으로써 얻게 되는 고요함 속에서 느끼게 되는 의식의 성숙함을 이야기하는 것입니다.

의식이 변하고 성숙해지면서 오직 "지켜보는 자"에 대한 경험이 늘어나고 서서히 많은 여유로움과 고요함을 느껴가고 있습니다. 하지만 아직 사랑이 일어나는 것 같지는 않으니 좀 더 지켜보면서 자각을 해나가야 하겠습니다.

라즈니쉬는 말씀하십니다.

"나에게 성숙이란 영적인 현상이다."

04. 존재

깊은 호흡을 하면서 주의 깊게 관찰하다 보면 내 몸의 세포 하나하나가 모두 연결되어 움직이며 살아 숨 쉬는 경험을 하게 되곤 합니다. 좋은 와인을 마시고 그 맛에 전신이 짜릿해지는 전율을 맛보고 나면 다시 그 느낌을 경험하고 싶어 합니다.

그와 마찬가지로 우리는 내면의 존재에 감사하고 열정적으로 존재의 소리에 귀를 기울여 존재와의 합일에 다가가고 내가 가진 불안과 고통들에서 벗어나 진정한 존재의 자유가 주는 짜릿함을 알아야 된다는 생각을 가져 봅니다.

라즈니쉬는 말씀하십니다.

"우리는 존재의 일부이고 분리되어 있지 않다. 우리가 분리되길 원한다 해도 우리는 그렇게 될 수 없다. 당신이 존재와 함께 할수록 당신은 더욱 생명력으로 가득 차게 될 것이다."

05. 조건화

우리는 오랜 세월 업의 굴레에서 벗어나지 못하고 지금 현상의 모습이 우리 삶의 전부인 것으로 착각을 하면서 습관처럼 살고 있습니다. 석가모니께서 말씀하시길 "네 안에 부처가 있음을 알라"는 이야기로 우리에게 가르침을 주셨습니다. 오랜 세월의 습을 벗어 던지고 두려워하지 말고 내면의 깊은 바다로 걸어 들어가야만 본래 나의 존재, 나의 진면목을 발견할 수 있음을 말씀하신 것입니다. 내, 외부적인 조건이나 환경만을 탓하지 말고 고착화되어 있는 착을 벗어 던지고 스스로 세속의 삶에서 자유롭게 살 수 있는 조건을 스스로 만들어 가야 된다고 생각해 봅니다.

라즈니쉬는 말씀하십니다.

"명상은 성격을 제거하고 당신의 삶의 근원과 개성에 당신이 어머니의 자궁에서 가져온 불꽃에 도달하고자 하는 노력이다. 그리고 그것은 당신이 태어나기 전부터 가지고 있던 것이다. 당신은 개성을 가진 이래로 영원하다. 이것은 당신의 근원적인 의식이며 수많은 생의 수많은 층으로 덮여 있다. 당신은 이것을 완전히 잃어 버렸고 이것으로 돌아가는 길을 잊어 버렸다. 당신이 더욱 교양을 쌓고 교육을 받아 문명화되기 시작하기 전의 당신의 본질을 찾아야만 한다."

자 이제 우리는 질문을 가져야겠지요? "나는 누구인가"라는…….

06. 근원

오늘날 많은 사람들이 명상, 참선 등을 하면서 살고 있는 것 같습니다. 오래전부터 저 역시 그렇게 했던 기억이 납니다. 하지만 지금에 와서 돌이켜보면 어떻게 해야 근원인 마음자리에 앉는지도 모르면서 마냥 "어떤 행위"만 했던 것으로 기억됩니다. 우리는 명상이나 참선 등의 행위들을 어떻게 해야 올바로 행하는 것인지부터 알아야 됩니다. 머리로 하는 생각이 없이 또 내 마음의 흔들림이 없이 내면으로 들어가 조용히 앉는 것이 근원인 내면과 하나 됨이고 본성인 근원의 실체를 바라보는 마음의 눈이 생기는 것이라고 생각합니다. 우주 만물은 기氣, 혹은 에너지라는 것으로 이루어져 있는 것으로 알고 있습니다. 근원의 빛, 본래의 에너지가 외부가 아닌 내면에 있음을 자각하고 깊이 존재의 빛을 밝혀야겠습니다.

라즈니쉬는 말씀하십니다.

"당신은 발광체이다. 당신의 존재는 빛을 발한다. 이것은 당신의 가장 깊은 중심이다. 이것이 당신이다."

07. 체험하기

어머니의 자궁에 잉태될 때부터 삶이라는 세속의 굴레에 발을 내딛는 것으로 이해하고 있습니다. 많은 사람들이 고통 없이 즐겁고 편안하고 윤택한 삶을 추구하면서 삶을 살아가고 있음을 주위에서 보게됩니다. 하지만 우리는 이러한 삶이 아닌 "삶의 본질을 체험해야 한다"라고 생각합니다. 그래야 고통만이 가득한 삶에서 벗어나 조금은 여유롭게 살 수 있다고 느끼기 때문입니다.

수행이란 행위를 통해서 내 삶을 받아들이고 내 것이라고 생각하고 있었던 수많은 것들의 속으로 들어가서 아프고 고통스러운 것들을 지켜보고 그것들이 분리되는 체험을 통해서 내면의 빈자리에는 "마음이 없음"을 알게 되었고 "내 것이 없음"을 알게 되었고 그냥 "모든 일이 일어나고 흘러갈 뿐"이라는 것도 알게 되었습니다.

세상이라는 환상 속에서 실체란 그 무엇도 남지 않음을 조금씩 알아가고 있기 때문입니다. 우리에게 필요한 체험은 영적인 체험이며 에고에서 분리되는 내면의 체험임을 이해하고 있습니다.

라즈니쉬는 말씀하십니다.

"존재는 당신을 위하여 수많은 문을 열지만, 당신은 바깥에 서서 바깥에서 오는 것에 대해 무언가를 알고 싶어 한다. 자연에는 바깥이란 없다. 모든 것은 안쪽에 있다."

08. 깨어 있음

일상생활 속에서 우리는 얼마나 나를 자각하고 있으며 깨어 있는 의식으로 살아가고 있는지 돌아보게 됩니다.

수행의 시작은 좋은 것으로부터 '내가'라는 아상을 비워 냄이고 자존심을 내려놓음이고 내 것이라고 생각했던 것들을 내려놓음이고 사랑이라고 불렸던 '단어'들을 내려놓음이며 이 수많은 '내 것'으로부터 나를 사라지게 하는 것이라고 이해하고 있습니다.

이러한 상황들을 접했을 때 얼마나 깨어 있으며 자각하느냐에 따라서 내 수행의 깊이도 달라지는 것 같습니다. 고통을 피하려 하지 말고 그 고통과 하나 되어 깊이 젖어 들어가 고통을 느끼고 체험하며 한 발 더 내딛을 수 있는 그런 체험이 진정한 "깨어 있음"이라고 이해하고 있습니다.

요즘은 또 다른 욕심도 냅니다. 수행에 있어서만큼은 정열적이어야 하고 욕심을 부려야 된다고 생각하게 됩니다. 내면의 존재와 합일을 위한 마음의 등불을 밝히는 일을 멈추어서는 아니 될 것입니다. 그렇게 깨어나서 마음의 참 나, 주인공을 만나서 더 없이 여유로운 삶을 누렸으면 하는 생각도 해봅니다. 오늘도 마음의 등불이 꺼지지 않게 밝은 등을 밝히겠습니다.

라즈니쉬는 말씀하십니다.

"어떻게 지켜봄만으로 이런 일이 생겨날 수 있는가? 굴레는 지켜보지 않음으로 생겨나기 때문이다. 굴레는 당신이 경계하지 않음으로 인해서 생겨나므로 당신이 주의를 기울인다면 굴레는 사라질 것이다. 굴레는 단지 의식하지 못함일 뿐이다."

09. 전체성

우리는 많은 것들을 하고 싶어 하고 그것들을 누리며 살고 싶다는 꿈을 꾸며 사는 것 같습니다. 자신이 싫어하고 힘든 일은 하지 않으려 하고 자신이 좋아하고 편안하고 유익한 것만 하려고 하는 것 같습니다.

이미 우리들의 세속적인 삶은 불균형으로 이루어져 있습니다. 그러한 삶 속에 일어나는 일들을 좋고, 나쁨으로 구분을 지어서 하고 싶은 것만 하고 살 수는 없다는 것을 빨리 자각하는 날이 오길 바라봅니다. 우리는 무엇을 해도 늘 부족하고 불안하고 후회하면서 사는 것 같습니다.

여기서 전체성은 "좋고 나쁨을 구분 짓지 말고 무엇이든 하라"는 의미입니다. 내가 좋다는 생각이 들어서 하고 싶은 일을 하되 전체적으로 뛰어들어서 하라는 의미입니다. 내가 좋다고 생각을 하면 나의 일부가 될 것이고 나쁘다고 생각을 하면 나는 거기에 없기 때문입니다.

도덕적, 윤리적인 일이라도 마찬가지로 전체적으로 뛰어들어서 하라는 의미입니다. 규율에 얽매이지 않고 전체적으로 했을 때 가치가 있는 일이면 그것을 지켜보고 즐길 것이며 무의미한 일이면 자연적으로 아무런 일이 아닌 것이 되기 때문입니다. 이러한 것들을 전체적으로 뛰어들어 온전하게 행하게 되면 자연적으로 좋든 싫든 도덕이나 윤리 등으로부터 떨어져 나와 있는 자신의 모습을 발견하게 될 것이라고 생각합니다. 그래서 늘 지금 이 순간에 머물러 있어야 되겠습니다.

라즈니쉬는 말씀하십니다.

> "어떤 행동이 전적으로 행해질 때, 당신이 완전히 그 속에 있을 때, 그때 당신은 이것에서 완전히 나오게 된다. 당신은 이것에서 완전히 나온다."

10. 무르익음

무르익음은 오직 삶을 통해서만 가능하다고 생각합니다. 나는 과연 죽음을 즐겁게 받아들일 수 있을까? 펜을 놓고 잠시 눈을 감고 자각을 해봅니다. '나는 참 복이 많은 사람이구나'라는 생각이 들기 시작합니다.

작은 체격을 가지고 살면서 그동안 겪었던 많은 시련들과 사건, 사고들의 고통에서도 꺼지지 않고 밝은 꽃으로 피어날 수 있도록 나의 원동력이 되어준 많은 이들이 있었습니다. 그들의 격려와 사랑과 관심으로 지금 이 순간까지 올 수가 있었던 것 같습니다. 또한 한량없이 큰 사랑으로 한결같이 나를 이끌어 주고 마음의 자유를 알게 해 주신 분도 계시니 참 복이 많은 사람인 건 분명한 것 같습니다.

아직은 "내가 누구"인지 아는 일이 우선이겠으나 이 우주 전체는 많은 에너지의 생명체들로 가득 차 있음을 느끼고 있습니다. 또한 대자연의 변화 법칙에 따라 지구의 변화에 맞추어 우리의 의식도 변해서 함께 흘러가야 된다고 생각하고 있습니다. 이 정도의 이해면 저 역시 죽음이란 단어 앞에서 두려워하지 않고 축복으로 맞이할 수 있을 것 같다는 생각을 해 보게 됩니다.

그리고 삶을 즐길 수 있으면 최대한 즐기고 경험하고 싶은 것이 있으면 충분히 경험하여야 취할 것도 없고 내려놓을 것이 없는 것이 진정한 삶의 가치가 아닌가 생각하게 됩니다. 그렇게 풍부한 삶을 통해서 잘 익은 열매가 되지 않을까 생각하게 됩니다. 저는 여러모로 잘 익어 가고 있는 과일 같습니다.

라즈니쉬는 말씀하십니다.

> "삶을 즐길 수 있는 사람만이 죽음을 즐길 수 있다. 그리고 당신이 죽음을 즐길 만한 능력이 있다면 당신은 죽음을 정복하게 될 것이다"

11. 환영의 초월

우리는 마음이라는 공간의 늪에서 벗어나서 살 수는 없는 것 같습니다. 우리는 오랜 습관에 젖어 있으며 관습에 얽매여 살아 왔기 때문에 쉽게 마음이란 곳에서 벗어나는 것을 두려워하는 것 같습니다.

좌절해 본 사람은 또 다시 다른 야망을 가집니다. 자신의 능력은 무시한 채 '이렇게 하면 돈을 벌 것이고 어느 때가 되면 돈이 들어와서 부자가 되었을 것이다'라는 가설을 짜놓고 매일 꿈에 들떠서 사는 것 같습니다. 현실을 제대로 들여다보려고 하지 않는 것 같습니다. 참으로 안타까운 일입니다. 이러한 착着으로부터 우리는 현실을 직시하고 판단하여 착에서 벗어나는 마음의 초월이 일어나야 한다고 생각해 봅니다.

그리고 이러한 환경 속에서 벗어나서 조용히 혼자 있는 연습을 통해서 무의식 속으로 들어갈 수 있으며 마음은 아무런 영향력이 없음을 알게 되고 마음의 초월만이 생겨 "지켜보는 자"로 오직 깨어 있을 수 있는 것 같습니다.

라즈니쉬는 말씀하십니다.

> "마음의 쓸데없음을 보고, 환영은 어떤 원인도 없음을 알며, 그것을 분석할 수도 없음을 알아라. 오직 할 수 있는 한 가지는 당신 자신을 조금 더 주의 깊고 깨어 있게 만드는 것이다. 이러한 깨어 있음 속에서 그 꿈은 사라진다."

12. 내면으로의 전환

요즘은 쉽게 '명상'이라는 단어를 접하게 되는 것 같습니다. 명상이나 참선, 이 모든 것을 어떻게 해야 제대로 하는 것인지 알고 했으면하는 생각을 가져 봅니다.

예수님은 "문을 두드려라, 그러면 열릴 것이다"라고 말했지만 우리는어디서 어떤 문을 두드려야 하는지 모르고 있습니다. 내면으로의 전환이란 내면으로 자신의 의식을 돌리는 것을 의미합니다. 외부에서는 어떠한 답도 얻을 수 없기 때문입니다.

우리의 내면에는 이미 에너지로 가득 차 있으며 존재가 자리하고 침묵과 기다림으로 오래도록 우리를 지켜보고 있다고 이해하고 있습니다. 그 에너지를 깨우기 위해서 "내면으로 의식을 돌려 지켜보고 자각하고 조용히 침묵이 일어날 때 존재는 깨어난다"라고 이해하고 있습니다. 무엇이 일어나든 내면으로 돌려서 조용히 지켜보고 또 지켜보겠습니다. 수행 정진하겠습니다.

라즈니쉬는 말씀하십니다.

> "명상은 자신의 내적인 본성의 경험을 의미하며 내면으로의 여행을 뜻한다."

13. 신뢰

수행에 있어서 의심이 생기면 한 발도 나아갈 수 없는 것 같습니다. 의심은 계속적으로 또 다른 의심을 만들어 내는 것을 경험을 통해 체험을 했으니까요. 그래서 처음으로 해야 할 일로 "수행을 왜 하는가?"에 대해서 정확하게 자기 정립이 되어 있어야 한다고 생각합니다. 그 후의 수행 과정 중에 의심이 들어도 신뢰를 바탕으로 계속 수행을 진행해야 합니다. 자신의 스승님을 신뢰하고 또 신뢰하며 계속 나아가야 합니다. 그 과정을 통해서 의심이 사라져 갈 것입니다.

"어느 때인지 모르지만 바로 그때 나는 할 거야"라는 생각으로 수행에 임한다면 절대 자신의 의식 도약도 없을 것입니다. 그런 시간들은 결코 오지 않을 것이며 "영원히 수행과는 거리가 멀어질 것이다"라는 생각을 꼭 기억하시길 바랍니다.

저도 많은 의심 속에서 오로지 스승님만 믿고 신뢰하여 지금 이 순간에 현존을 자각하며 변화를 맛보게 되었고 모든 것이 기우일 뿐이라는 것을 알게 되었습니다.

라즈니쉬는 말씀하십니다.

> "기억하라. 의심이 있을 때에도 도약하여야만 한다. 만약 의심이 먼저 가라앉기를 기다린다면, 당신이 뛰어내릴 시간은 결코 오지 않을 것이다."

14. 꽃 피어남

내면의 꽃이 피어나는 것은 아직까지 경험을 해보지 않은 경지여서 자세한 느낌이나 감정이 어떻게 만들어 지는지는 잘 알지 못합니다. 하지만 내면으로 향하는 의식의 꽃을 피우려면 많은 경험과 많은 체험들의 수행이 이루어져야 내면의 꽃도 다양하게 필 것이란 생각을 가져봅니다.

라즈니쉬는 말씀하십니다.

> "이 세상은 오직 하나의 경험을 필요로 하는데 그것은 어떤 다른 존재에 의해서도 더럽혀지지 않으며 물들지 않는 순수함이다. 당신 자신 그대로의 순수한 존재, 이것은 나에게 있어 해방이다. 나에게 있어 그것은 당신의 존재가 궁극적으로 꽃피어 나는 것이다."

15. 무無

'무'라고 하면 사람들은 보통 "없음"을 이야기합니다. 하지만 여기서 이야기하는 무는 "텅 빔 속에서의 유有"를 이야기합니다. 우리는 수많은 욕심과 야망과 집착으로 마음이 잠시 쉴 수 있게 시간이나 여유를 주지 않는 것 같습니다.

스스로 마음의 지옥을 만들어 내고 일상에서 마음의 평화는 제외되며 그렇게 만든 형태로 삶을 살아가고 있는 것 같습니다. 이러한 마음을 계속 들여다보면서 끝임 없는 욕심과 집착으로부터 벗어나도록 하는 것이 무에서 유를 만들 수 있는 경험의 과정이라고 생각합니다. 이런 경험을 바탕으로 "없음에도 있음"을 알아가고 있는 것 같습니다.

우리는 수많은 집착으로부터 벗어나고 내려놓고 비워야 진정한 마음의 평화를 맛볼 수 있는 것 같습니다. 방법은 "오로지 깨어서 자각하고 지켜보는 일" 바로 그것일 뿐이라고 생각합니다. 그렇게 일어나는 감정, 욕심들을 하나하나 지켜보며 '착著'이 사라지는 것을 알게 되었고 '내 것'이라고 생각했던 것으로부터, '감정'이라는 것으로부터 조금은 자유로워진 것 같습니다. 더 많은 수행의 삶이 주어져 있을 수도 있으나 이렇게 하나하나 꾸준한 수행으로 더 자연스럽고 더 고요해질 수 있도록 깨어 있겠습니다.

라즈니쉬는 말씀하십니다.

> "생각이 세상이다. 그래서 부처는 마음을 '세상'이라고 부른다. 생각이 일어나는 그 순간 의식의 호수에 파도가 일며 형상이 솟아오르지만 그 형상은 순간적이고 덧없을 뿐이다. 이것이 일어났다 다시 사라져 감 속의 의식을 기억하라. 이것이 우리의 실재이고 우리의 진실이다."

16. 수용성

수용성이란 무슨 뜻일까? 어떤 일이든 그냥 받아들이는 것일까? 내가 그냥 받아들이고 수용할 수 있는 일들이 얼마나 많을까? 나부터 '이것은 이래서 마음에 들지 않고, 저것은 이래서 마음에 들지 않고 싶다, 좋다, 난 관심 없다 등 얼마나 많은 이유들로 불만을 많이 갖고 살았던가! 하지만 이러한 모든 것을 받아들이고 이해하는 것이 수용이 아닌가?' 하고 생각을 해 봅니다.

수용성이라는 카드로 명상해 보면서 수행 공부를 점검해 보는 것 같아서 기분이 좋습니다. 한동안 책을 놓고 살았는데 '오쇼젠 카드'를 통해서 새삼 잊고 있었던 것들에 대해서 라즈니쉬께서 말씀하신 이야기들이 생각납니다.

라즈니쉬는 말씀하십니다.

> "이 세상의 모든 고통이 호흡을 타고 그대에게 몰려드는 것처럼 그 고통을 흡수하여 들이는 방법을 배운다면 그대가 배척될 수 있는 길은 없어져 버린다."

라즈니쉬의 말씀처럼 내 주위에 일어나는 많은 고통들을 내가 다 들이마시고 수용하면 어떻게 그에 대한 애착이 있으며 그에 대한 무관심이 있을 수 있을까요? 이렇게 많은 것들을 수용하게 되면 그것이 곧 자비 상태가 될 것이라고 이해를 하고 있습니다.

"연꽃은 진흙탕 속에서 피지만 진흙이 묻지 아니한다." 부처님께서는 늘 그렇게 내 안의 부처를 이와 같이 밝히라고 중생에게 설법을 하셨습니다. 저도 이와 같은 수용성으로 많은 것을 받아들이는 수행의 길로 정진해 나가기를 다짐합니다.

17. 창조성

과거의 나를 벗어 던지고 새로운 나의 존재성이 자연스럽게 일어날 때 그때 느껴지는 감각들이 창조성에 대한 감각이라고 생각합니다. '나'라는 존재가 사라지면서 자연히 일어나는 것이 해탈, 깨달음의 감각입니다.

그러나 우리에게는 늘 '나', '내가'라는 것이 항상 우선이 됩니다. '나는 아니야?', '나는 못해?', '내가 왜?' 등등의 표현들이 그러한 것이지요.

라즈니쉬는 말씀하십니다.

> "진정한 침묵은 저절로 생기는 침묵이다. 침묵을 위하여 육체를 강제하지 말라는 것이 내가 제안하는 바이다. 그보다는 춤추고 노래하고 움직이고 달리고 뛰고 헤엄치고 하라. 몸을 그와 같이 온갖 움직임 속에 있게 하고 마음도 따라서 온갖 움직임 속에 있게 하여라. 내면이 온갖 움직임을 거치면 마음이 정화되기 시작하고 마음에 쌓인 독을 풀어내 버리기 시작한다. 침묵이 내려올 때는 그렇게 복잡하게 얽혀 있던 생각들이 흔적도 없이 갑자기 사라져 버린다. 사라져 간 자취도 남기지 않고 사라져 버린다. 그렇게 소란스럽던 소음들이 모두 어디로 가버렸는지 믿기가 어려울 것이다."

이 내용처럼 이렇게 침묵 속에 소음이 사라지고 나면 그때 일어나는 것이 창조성이라고 이해하고 있습니다.

18. 변화

자신의 삶을 위해 얼마나 많은 변화를 경험하면서 생활하고 계신가요? 사람들은 쉽게는 변화라고 하는 것을 일상에서 조금 다른 방식으로 새로운 무엇인가로 바꾸었을 때 "변화했다"라고 하겠죠? 하지만 제가 여기서 하고자 하는 이야기는 라즈니쉬께서 말씀하신 진정한 나 자신의 초월에 대한 변화에 대해서입니다.

라즈니쉬는 말씀하십니다.

"많은 일에 훈련을 쌓으라. 전체적이 되라. 그 밑바닥 뿌리에까지 깊이 들어가라. 비밀은 꽃에 있지 않고 항상 뿌리 쪽에 있기 때문이다. 꽃은 즐거움의 표현일 따름이고 비밀은 거기에 있지 않다. 비밀은 뿌리 쪽에 숨겨져 있고 비밀은 항상 어두움 속에 숨겨져 있다. 거기까지 도달해야 비밀을 알아내게 될 것이다. 그대가 인생의 다양한 면들에 대한 경험을 많이 하면 할수록 그대 영혼은 그만큼 더 풍요로워질 것이다. 그대의 영혼을 얼마나 풍부하고 풍요로운 것이 되게 하느냐와 얼마나 초라하게 사느냐는 오로지 그대 자신에게 달려 있다."

그렇습니다, 우리는 이렇게 변화해야 합니다. 새로운 꽃을 피우기 위해서 우리는 더 많은 경험과 더 강렬한 삶을 살아야 합니다. 누구를 위함이 아니라 오로지 나를 위한 변화의 연꽃을 피우기 위해서 나는 오늘도 합장을 합니다.

19. 풍요

우리는 누구나 물질의 풍요를 꿈꾸고 있습니다. 우리는 아무리 많은 것을 갖고 있어도 만족하는 법이 없지요. 있으면서도 더 많이 가지려고 욕심을 부리고 없는 이는 가진 자를 부러워하며 더욱더 물질의 노예가 되어가는 것이 현재 우리들의 삶이라 생각합니다.

우리는 온전한 풍요를 누리려는 노력을 얼마나 할까요? 인류의 절반은 내면의 세계를 받아들여 왔지만 외부 세계는 거부해 왔습니다. 또 다른 인류의 절반은 외부 세계를 받아들이고 내면세계를 거부했습니다. 둘 다 반쪽입니다. 이렇게 반쪽인 인간은 스스로 만족할 수가 없습니다. 육체에 있어서도 풍요롭고, 과학에 있어서도 풍요로우며, 명상에 있어서도 풍요롭고, 의식에 있어서도 풍요로워야 합니다. 그것이 진정한 조르바 더 붓다Zorba the Buddha입니다.
우리는 외부적인 즐거움만으로는 풍요로움을 느낄 수 없습니다. 우주의 근원을 알고 진정한 존재를 알 때 완전한 기쁨, 완전한 풍요를 느끼게 됩니다.

라즈니쉬는 말씀을 하십니다.

"오직 온전한 인간만이 신성한 인간이다."

20. 타협

나는 얼마나 많은 것들과 타협을 하면서 살아가고 있을까? 또 얼마나 많은 이들이 나와 같은 삶을 살아가고 있을까? 타협이라는 카드를 보면서 새삼 라즈니쉬의 말씀이 생각났습니다.

"진정한 종교는 사람을 홀로 걸으며 결코 군중 속으로 들어가지 않는 사자로 만들 것이다. 왜냐하면 군중과 함께라면 당신은 늘 타협해야 하기 때문이다. 그럴 것이다. 우리는 매 순간마다 타협을 하면서 살아가고 있기 때문이다."

"타협은 타협일 뿐이다"라는 이야기를 화두로 삼은 명상으로 제가 얻은 답은 모두 다 사랑으로 받아들이는 것, 증오도 타협도 아닌 진정으로 받아들이는 수행을 하는 것입니다. 저 또한 이러한 과정을 모르고 살아오면서 타협으로 군중과 어울리며 지내왔지만 더 많은 시간은 군중과 어울리지 못하는 저를 많이 보아 왔기에 진정한 자유와 사랑을 알기 위해 오늘도 명상을 계속하고 있습니다.

라즈니쉬는 말씀을 하십니다.

"영리하려 하지 말라. 그렇지 않다면, 그대는 항상 똑같이 남아 있을 것이다. 그대는 변하지 않을 것이다. 사랑의 길에서, 그리고 명상의 길에서, 어설픈 기교half-technique는 그대 안에 수많은 혼란만을 일으킬 뿐이다. 이러한 타협은 더 위험하다. 그대는 더 혼란스러워질 것이다. 왜냐하면 혼란으로부터 나온 타협은 결국 더 많은 혼란을 일으킬 것이기 때문이다. 따라서 왜 타협하려 하는지 이해하도록 하라. 그러면 조만간 그대는, 타협은 아무 도움이 되지 않는다는 것을 깨닫게 될 것이다. 그리고 타협은 어느 쪽으로도 가지 않는 것이며, 그대의 혼란을 억압하는 것이다. 타협은 타협일 뿐이다."

형일

들어가는 글

안녕하세요, 현재 혜량학당에서 역易과 관련하여 글을 올리고 있는 형일입니다. 혜량학당을 통해 이루려 했던 주 취지는 다름 아닌 수행과 직업을 합치시키는 발판을 마련하는 것이었습니다.

직업이란 어찌됐건 현대인에게 있어 자신을 사회 속에서 표출하는 주된 방식이며 내 자신을 표출함이란 사실 내 자신에 대해 알 수 있는 방법이기에, 이는 닦으며 나간다는 수행과 엄밀히 말하자면 같은 것이라 여기기 때문입니다. 하지만 신기하리마치 직업과 수행이 같은 것이다? 이러한 의문을 가진 사람들, 아니, 이러한 연결고리조차 어색하기에 도리어 반감을 가지는 사람들이 많을 것이라 여깁니다. 그 부분에 대해서는 스스로 답을 내시는 수밖에 없을 것 같습니다. 다만 그렇기에 이번 문집에 실는 글들은 제가 바라보는 관점이 조금씩 트이기 시작하던 때에 썼던 글들을 바탕으로 약 3년이라는 시간을 거쳐 순차적으로 엮어 보았습니다.

실은 글들은 기본적으로 마스터 황의 타로교실 카페에 연재로 올렸던 글들로, 그때 당시의 글들의 전체를 훅 보시려면 가입해서 보시면 될 것 같습니다. 다만 그중에서도 이 책에 실은 글들은, 지금의 제가 쓰는 글들과도 다르며, 그때의 제가 썼던 개별적인 글들과도 다른, 지금이기에 할 수만 있는 종합적인 형태로 구성하여 분명 이를 통해 열리는 문도 있을 것이라 여기며 올립니다.

책에 어쩌다 손을 댄 분들이 처음과 끝, 중간 등을 비교하시며 읽으시면 분명 그것 자체로도 훅 보이는 부분들이 있으시길 바랍니다. 그럼, 제 글이나, 다른 분들의 글들을 통해 자신을 바라볼 수 있는 보다 '평범한', '전체적인', '일상적인' 방법에 대해 작게나마 하나의 문이 되기를 희망합니다.

01. 중천건 2012.10.25.

 중천건은 모든 것이 열린 시작이자 그 일의 끝을 상징하는 카드입니다. 사람과 만나며 일의 시작을 궁리하고, 조금씩 나아가며 자신의 출현을 알리고, 작게 쌓고, 꾸준히 일하며, 크게 이루는, 그리고 마침내 떠날 때를 알고 마무리를 짓는 그 모든 과정을 포함합니다.

앞으로 약 반 년 정도에 걸쳐서 주역 타로의 64괘를 제 개인 경험을 바탕으로 짧게 짧게 여러분들이 주역 타로 사용 시에 참고하기 쉽도록 해설해 나갈 예정입니다.

02. 중지곤 2012.10.29.

 64괘의 제2괘 중지곤. 중지곤은 아래에서 모든 것을 포용하여 굳힌다는 뜻을 지닙니다. 앞에서 시작된 일들을 안정시키고, 충분히 준비하여 미래를 대비하며, 앞서 나간 이들의 은총을 받아 그 스스로 겸손하여 그 바름을 강하게 이어 나가니 어머니의 상이자 신하의 상입니다.

자신의 위치와 장점들을 바탕으로 중심을 지키세요. 중지곤은 그 결과가 맺는 열매의 아름다움을 상징합니다.

03. 수뢰둔 2012.10.31.

64괘의 제3괘 수뢰둔. 수뢰둔은 불안정한 대지에 싹 트는 첫 씨앗을 의미합니다. 그만큼 내적인 힘과 활동력이 있지 주변의 환경적 여건이 아직 자신의 뜻을 펼치기에는 불리한 점이 많습니다. 자신의 힘만을 믿고 강압적으로 밀어붙이면 곧 찾아오는 기회를 놓치고 되돌아갈 길마저 잃으니 장기적인 안목으로 꾸준한 준비를 필요로 합니다.

자신을 믿고 힘을 기르세요. 수뢰둔은 다가올 미래를 준비하는 성장 과정의 시작을 상징합니다.

04. 카드를 읽는다는 것에 대하여 ① 2012.11.28.

질문을 하나 드리죠. 카드를 뽑았을 때 처음 보이는 것이 무엇인가요?

정답은 '그림'입니다.

사람의 인생도 아니고 하늘의 뜻도 아니고 하물며 천지자연의 법칙도 아닙니다. 카드를 뽑았을 때 물리적으로 우리들의 시각을 우선 파고드는 감각적인 정보는 카드 한 장에 그려져 있는 그림 하나뿐입니다.

카드를 뽑을 시 다른 모든 것 이전에 이 한 가지를 반드시 구분하여 숙지하세요. 주중의 괘 연재 형식으로부터 다소 탈피를 해서 시간이

날 때마다 조금씩 한담 형식으로 카드를 읽는 것이 무엇인지에 대한 다소 현실적인 글들을 써 나가려 합니다.

어디까지나 제 개인적인 생각들인지라 비판적인 시각으로 읽어주셨으면 합니다. 그럼 앞으로도 잘 부탁드립니다.

05. 카드를 읽는다는 것에 대하여 ② 2012.12.06.

 연재 방식에 대하여 다소 고민을 했습니다만, 지금까지 올린 글들과 비슷한 콘셉트로, 참고할 만한 내용들을 위주로 간결하게 나아갈까 합니다. 그 시작을 끊기 위해 카드 리딩이라는 주제 다룰까 합니다. 소위 말하는 리딩이란 다음과 같이 진행됩니다.

> 1) 카드를 뽑는다.
> 2) 카드를 본다.
> 3) 카드를 '읽는다'.
> 4) 카드에 대해 말한다.

이 중에서 1), 2), 4)에 대한 이해는 쉽습니다. 평소 우리가 하는 행동 범위 내에서 크게 벗어나지 않기 때문입니다. 문제는 3)입니다. '읽는다'란 과연 무엇일까? 여기서 천지자연의 법칙이 어떻고 만물이 어떻고 하는 생각들이 오갈 수도 있겠습니다만, 논리적으로 한 번 정리합시다.

3) '읽는다' 전에 2) '본다'가 오고 4) '말한다'가 옵니다. 읽는다는
게 아무리 복잡하고 애매한 개념일지라도 카드를 뽑고 봐서 얻은
정보를 말로써 표출하기 위한 중간 과정이라는 사실에 변함이 없
습니다.

그리고 그렇기에 읽는다는 것은 결국 우리 머릿속에 있는 생각들이
라는 본질적 한계를 벗어나지 못합니다. 그럼 어떻게 해야 하나. 키워
드는 구별과 숙지입니다.

어디까지나 제 개인적인 생각들이지만, 다음 편에 더 이어나가도록
하겠습니다.

06. 카드를 읽는다는 것에 대하여 ③   2012.12.12.

 지난 번에 구별과 숙지라는 키워드로 마무리를 지었
습니다. 마찬가지로 카드를 읽는다는 것이란 결국 카
드를 봐서 얻은 정보를 말로써 상대방에게 혹은 자
신에게 전달하는 것이라고 정의를 내렸습니다.

그리고 결론적으로 카드를 읽는다는 것은 결국 자기 머리로 받아들
인 정보를 자기 머리로 해석하여 나온 것이기에 그 한계를 벗어나지
못한다는 점도 확인을 했습니다.

그럼 구별과 숙지는 대체 어디서 나오는 것인가? 타로를 '읽는다'는
행위를 방금과 같이 '타로'라는 특정 행위로부터 떼어내서 '사람의

사고'라는 일반적인 행위에 대입시켜 확장시켰습니다.

그럼 '타로 리딩'이라는 주제 역시 그런 일반화가 가능하지 못할 리가 없습니다.

결국 타로 리딩이란 정보를 받아들이고 그 정보를 해석해서 질문에 답하는 것입니다.

우리의 목적은 3)이, 그 과정에 있는 2)의 정보를 해석한 '타로를 읽는다'라는 행위에 도사리고 있는 본질적 한계를 알았습니다.

논리적으로 생각을 이어 나가면 결국 그것을 보완할 수 있는 수단은 바로 그 전 단계, 1)에서 찾을 수밖에 없게 됩니다.

사물과 행위를 구분하여 숙지를 하면 이리저리 확장시키고 꼬아서 생각할 수 있고, 그 결과 생각보다 많은 것이 보입니다.

타로 리딩 주제는 다음 주에 마무리 지을까 합니다.

07. 카드를 읽는다는 것에 대하여 ④ 2012.12.25.

크리스마스 계절이다 보니 여러모로 많이 바쁜 것 같습니다. 지난 게시글을 간단히 종합하자면 타로 리딩이라는 행위의 핵심 정보를 받아들이고 그 정보를 해석해서 질문에 답하는 것입니다.

위와 같은 세 개의 논리적인 단계로 구분하여 숙지하는 데에 있었고 이를 통해 2)가 가진 본질적인 한계를 1)에서 보완할 수밖에 없다는 결론에 도달했습니다. 그럼 남은 질문은 하나입니다. "어떻게?"

카드를 아무리 뽑아도 결국에는 사람의 머리를 거치기에 그 한계를 벗어나지 못합니다. 그렇다면 간단합니다.

"머리를 덜 쓰면 됩니다."

머리를 덜 쓰면 되는 방향으로 상황을 바꾸면 되는 것입니다. 더 효율적으로 쓰자는 얘기입니다.

2) 정보의 해석이 가진 한계는 근본적으로 정보를 해석하면 해석할 수록 우리 머릿속의 생각과 카드 자체가 지닌 상징성 사이의 오차가 벌어지기에 생깁니다. 결국 머리를 덜 쓰기 위해서는 1) 정보를 받아들이는 방법에서, 들어오는 정보 그 자체를 줄여서 구체화하는 것이 정답입니다. 질문의 구성에 신경을 써야 하는 이유가 바로 이것입니다.

하지만 그 이전에 1), 2), 3)에 걸친 전체적인 과정의 목적은 결론적으로 내담자와 질문자의 질문에 답을 찾는 것에 있습니다. 그리고 질문자 자신의 구체적 상황은 누가 제일 잘 알죠?

질문자 자신입니다.

카드를 뽑는 상담가는 결코 내담자 자신이 겪는 상황들을 직접적으로 알 수 없습니다. 단지 카드를 통해서, 그 카드가 지닌 상징성에 비춰보아 내담자가 얘기해주는 상황들과 비교를 하여 머릿속에서 구성한 해석을 전하는 역할만을 수행할 뿐입니다. 양질의 정보는 결과적으로 내담자 자신만이 가지고 있습니다.

그렇기에 타로 리딩의 시작점은 결국 내 자신의 한계를 인정하고, 받아들이고, 그 점을 보완하기 위해 질문자에게 그 사실을 주지시키는 데 있습니다.

머리를 적게 쓰기 위해서는 내 머리가 나쁘다고 인정하는 수밖에 없습니다. 적어도 전 그렇게 생각하고 그것이 찾아오는 사람에 대한 예의라 봅니다. 즐거운 성탄절이 왔습니다. 모두 밝고 활기찬 날이 되셨으면 합니다.

08. 관찰력에 관하여 ①   2013.01.16.

 이번 주부터 간단하게 관찰력에 관하여 쓸까 합니다. 제가 좋아하는 작가 중 한 명이 이런 말을 한 적이 있습니다.

"물리학에서 법칙이란 것은 결코 존재하지 않는다. 법칙이란 정해진 대상이 반드시 따라야만 하는 규칙과도 같은데 물리학이란 결국 자연 현상을 인간에 맞게 규명하는 일에 지나지 않는다. 바람이고 돌이고 시간이고 결국 그들만의 삶을 살아가는데 어찌 바람도, 돌도 아닌 인간이 정한 '법칙'이란 것을 따를 수 있는가?"

사람은 돌이 아니기에 돌을 이해하질 못합니다. 사람은 바람이 아니기에 바람을 이해하질 못합니다. '나'는 다른 사람이 아니기에 다른 사람을 이해하질 못합니다.

돌조차 다른 돌을 이해하진 못하거늘 우리는 서로를 이해한다고 착각하기에 법칙을 강요합니다.

다소 길게 쉰 감이 없지 않아 있어 앞으로 몇 주 동안 제 삶의 중심이 되는 가치관 중의 한 가지에 대해 서술해 나갈까 합니다. 언제나 그렇지만 제 개인적인 의견일 뿐임을 미리 말씀드립니다.

09. 관찰력에 관하여 ②   2013.01.23.

 관찰력에 관해 논하기에 오늘은 '이해'란 무엇인가에 대해 간단히 서술해 나갈까 합니다. 개인적으로 생각하기에 이해란 크게 세 가지 요소로 나눌 수 있습니다.

1) 의식적인, 무의식적인 사고의 흐름
2) 과거, 현재, 미래에 대한 인식
3) 감정적인 상태의 동반

사람의 정신은 자라온 경험들에 대한 기억들을 바탕으로 성립되기에 과거를 알아야 하고, 설사 지닌 경험들과 기억들을 알더라도 선천적인 추가 변수들과 인연들이 있기에 현재를 알아야 하며, 우리는 한순간이나마 자신이 미래에 무엇을 하려 하는지 알 수 있으므로 미래에 대한 인식이 필요합니다.

또한 정신적인 균형과 불균형에 의해 행동을 하고, 우리의 인식 범위 밖의 흐름들 또한 존재하기에 의식적인, 무의식적인 사고의 흐름을 읽을 수 있어야 하고 그에 따른 감정적인 상태를 느낄 수 있어야 비로소 무언가를 이해했다고 저는 생각을 합니다.

그리고 이리 생각을 한다면, 우리는 타인이 아니기에 같은 기억을 공유하지 못하며, 자라온 환경이 다르기에 주어진 환경도 조건도 다르며, 환경도 성격도 다르기에 인연도 다르며, 그렇기에 현재 생각하는 것도, 하려는 것도, 느끼는 것도 모두 다릅니다.

사람의 이해란 것은 어떠한 제약들을 받았는지에 따라 이루어져 있으며 관찰력이란 그 제약들 속을 헤엄치고 서로를 연결시키는 하나의 관점에 지나지 않습니다.

시간을 조작할 수 없는 이상, 내가 처음부터 타인이 될 수 없는 이상, 다른 사람을 이해할 수는 없지만, 설사 그 감정과 사고의 흐름이 다를지언정 그 사람 이상으로 느끼고, 공감하고, 울고 웃을 수는 있다고 생각을 합니다.

사람이 이해할 수 있는 것, 관찰하는 것들이 절대 모두 같을 수가 없다면 이런 정신적, 감정적인 포용력이야말로 그것을 조금이나마 메울 수 있는 열쇠가 아닐까 한 번 생각을 해봅니다.

10. 나무에 관해서 2013.03.07.

나무가 태양을 향해 자라는 것은 햇빛을 받아 광합성을 통해 스스로가 생존할 양식과 열을 만들어내기 위함입니다.

나무가 광풍과 진흙 속에서도 자랄 수 있는 것은 그 아래를 흡수하며 스스로를 지탱하고 붙잡을만한 강한 뿌리가 있기 때문입니다.

땅 위에 있는 몸통과 가지는 태양을 향해 올라가고, 뿌리는 땅 속에 내재되어 있는 수분과 영양분을 흡수하며 아래로 뻗어 나갑니다.

나무란, 스스로가 어디서부터 시작되었고, 어디로 나아가야 할지 알기에 살아나갈 수 있는 것입니다.

11. 시야에 관해서 2013.03.19.

자신이 무엇을 보는 지는 자신이 현재 어디 있는가에 따라 결정됩니다. 자신이 무엇을 어떻게 받아들이는 지 역시 자신의 현재 위치에 따라 결정됩니다. 내가 얼마나 발전할 수 있을 지 역시 내 시작점에 따라 크게 좌지우지됩니다.

흔히 경험을 쌓는 것만이 성숙해질 수 있는 유일한 방법인 것마냥 얘기를 하지만 경험과 기억에 의한 지식은 단지 처음부터 내 시야 속에 있었던 것들이 더욱 알기 쉬운 형태로 부상한 것뿐이 아닐까 하는 생각을 해봅니다.

시간에 의해, 사건에 의해, 의도적인 행동에 의해 내 기억과 내가 표면적으로 내세우는 나 자신은 언제든 왜곡되기 마련입니다.

단 한 가지 잘 변하지 않는 게 있다면 바로 내 시작점입니다.

바꿀 생각도 않고, 바꿀 필요도 느끼지 않고, 내게 찾아오는 모든 행운과 불운은 마치 처음부터 내 것이며 나는 충분히 내 자신을 숨기고 살아가고 있다 생각하기에 그렇지 않을까 하는 생각을 해봅니다.

세상의 중심이 나 자신이라 생각하시나요?

'나'라는 존재를 정의할 수 있는 더 포괄적인 개념이 존재하는 한 결코 내가 세상의 중심이 될 수는 없습니다.

시간과는 무관하게, 경험과는 무관하게 내 자신을 근본적으로 바꿀 수 있는 유일한 방법은 내가 바라보는 시작점을 바꾸는 것뿐입니다.

한 발만 뒤로 물러나도 세상은 더 넓게 보이기 마련입니다.

하지만 그러기 위해서는 내가 현재 어디 있는지부터 알아야 가능하고, 안다면 아는 대로 내가 기존에 쌓아둔 모든 것들을 부수면서 새롭게 시작할 수 있는 마음가짐이 필요하지 않을까 개인적으로 생각을 합니다.

난 오늘 어디에 서 있고, 또 내일은 어디에 서 있을까요?

12. 바다와 육지 2013.07.08.

학생 때 다들 잠깐이나마 들어봤을 내용에 대해 다룰까 합니다. 육지는 외부 기온의 변화에 민감하여 빨리 달아오르고 빨리 식는 반면 바다는 기온의 승강이 육지에 비해 그 폭이 작고 느립니다.

육지는 태양으로부터 받는 열을 그 표면에 대부분 분산시키는 반면 바다는 하늘로부터 내려오는 열이 그 내부까지 침투하여 순환되기에 이와 같은 차이가 나타납니다.

육지는 외부의 변화를 외부로만 받아들여 분산시키기에 빨리 오르고 빨리 내리고, 바다는 외부의 변화를 내부로 순환시키기에 상황에 상관없이 겉으로 그 변화가 작습니다.

여름에는 육지의 장마가 있고 겨울에는 바다의 장마가 있듯이 그 어느 쪽이건 장점과 단점이 있고, 또 태양의 오름과 내림은 변하지 않지만, 적어도 내 자신이 어느 쪽인지 아는 현명함만은 갖춰야 하지 않을까 하는 생각을 해봅니다.

13. 여로旅路에 관해서 2013.09.08.

땅에 살며 물길을 바라보는 이들은 물과 햇빛 아래 사는 이들을 이해하지 못합니다. 물길을 따라가며 햇빛을 즐기는 이들은 바람을 따라 질주하는 이들을 이해하지 못합니다. 햇살 아래서 바람을 느끼는 이들은 좁고 황폐한 대지 위에 살아가는 이들을 상상하지 못합니다. 바람과 바위틈 사이에 정착하는 이들은 물길 옆에서 살아가는 이들을 상상하지 못합니다.

최근 조금씩 몸을 움직이고 있습니다. 어디까지나 개인적인 감상이지만, 느낀 바를 몇 가지 적어봅니다.

14. 물과 불에 관해서 ① 2013.09.17.

식사 준비하면서 든 몇 가지 생각입니다.

냄비에 물을 붓고 불을 켭니다. 끓기를 기다리며 위를 바라보고 있자면 작은 기포가 하나하나 올라오는 것이 보입니다. 이윽고 잔잔하던 수면 위는 어느새 보글보글 하얀 거품으로 가득 차 변화하는 모습이 눈에 선합니다. 가열 중인 무색투명한 물과 수면 위는 설사 어떠한 형태와 이름은 없어도 조짐은 있고 하얀 거품으로 가득 찬 그때는 흰색 거품과 그 변화는 보일지언정 더 이상 그 깊이를 알 수 없는 무색투명함의 흔적은 보이질 않습니다.

식사를 마치고 밖에 나가 산책을 하니, 끓는 물 위를 가득 채운 거품이나 밖에서 자라는 나무와 식물들이 언뜻 비슷해 보인다는 생각이 들어 글을 한 번 올려봅니다.

다소 이르지만, 모두 즐거운 한가위 되시길 바랍니다.

15. 물과 불에 관해서 ②: 압력 2013.09.24.

물이 끓는 이유는 간단합니다. 물 내부의 압력보다 물 외부의 압력이 낮기 때문입니다. 주전자 내부에 물을 붓고 불을 켜면, 머지않아 기포가 하나하나 위로 올라오며 수면을 가득 채웁니다. 물 내부에 지나치게 많은 에너지가 있기에, 물이 스스로를 기포로, 또 수증기로 화해서 스스로 더 자유로울 수 있는 공간으로 나아갈 뿐입니다.

고도의 산을 올라가면 올라갈수록 공기의 압력이 낮아집니다. 바깥의 기압이 낮기 때문에, 물은 열기를 받으면 더욱 망설임 없이 스스로를 증기로 화해 나아갑니다.

허나 주변 압력이 낮다는 것은, 환경적으로 자유롭다는 것은, 마찬가지로 내 스스로 소유하거나 무언가 모을 수 있는 힘이 적다는 것을 나타내기도 합니다.

불의 힘을 잃은 증기는 지면을 향해 재차 끌려 내려옵니다. 그저 자신이 편한 곳으로 다시 한 번 이동을 하고, 주변에 맞는 더 편한 내 자신으로 화할 뿐입니다.

사람 간의 사회나, 식물들이나 비슷하다는 생각이 듭니다. 물을 아무리 가열하더라도 주변 공기의 기압과 동등하다면 결코 수증기로 화하질 않습니다.

16. 가을 산책 2013.11.06.

여름에는 손으로조차 결코 닿지도 않던 잎사귀를 지금은 생각 없이 걷는 것만으로도 밟을 수 있습니다.
시간이 지났다는 이유 하나만으로
여름의 잎사귀는 가을의 낙엽이 되었습니다.

17. [   ] 2014.01.05.

퍼져 나가는 것도, 뻗어 나가는 것도 없으니 보이는 것과 보이지 않는 것만 있을 뿐인 것 아닌가.

18. 천지체 2014.05.11.

무언가가 이어진 지 25년. 자신에겐 일평생보다도 더 긴 기간이기에 선뜻 와 닿지 않았다. 내게 있어선 영원과도 같은 그 무언가는 다른 이에겐 한순간의 일부분에 지나질 않는다는 것은 사실 잘 실감이 되질 않는다.

1970년, 1835년, BC 35년. 교육을 받아오니 숫자에는 익숙해졌지만, 막상 거기에는 내가 없다. 내가 없음에도 불구하고, 나는 벽이 느껴지지 않는 하늘 속에 살고 있는지 내가 없었음에도 있었다고 생각해도 이상함은 느껴지질 않는다.

뒤를 바라보려 하면 이리 뛰고 저리 뛰어 어딘가를 어루만질 수 있지만, 내가 뛰고 있는 공간은 끝이 없는 어둠 속이다. 나아가고 싶다면 더욱 나아갈 수 있지만, 어둠만이 흘러내리는 곳에서 다다르는 곳은 곳곳 내게 보이는 빛이 뿐인가.

더 멀리 다다를 수도 있다는 느낌만이 끊임없이 들어 손은 어김없이
나아가지만, 과연 어떨까 - 나를, 그 너머에조차 과연 뛸 수 있을까.

앞을 보아 손을 내밀 생각을 하니 이미 무언가가 지나간 것이 선명
하게 느껴진다.
지나가고, 지나가고, 끊임없이 손가락을 지나 흘러가는 것이 느껴진다.

　　　바람도 지나갔고, 나도 지나갔고,
　　　바람도 지나가고, 나도 지나간다.

지나감이 끊임없이 느껴져 압도된 그 혼란 속에서조차 이미 서있는
내 자신이 있다면,
그것은……
난……

19. 달이 숨을 쉰다면　2014.05.30.

달이 숨 쉬는 모습에 따라
파도는 들어갔다 나갔다.
그에 따라 잠기고 또 떠오르는 내 자신은
물속에 있다 바람과 있다.

하늘에는 별이 태어나 또 쇠하고,
또 천산에 의해 올려다보고 또 가려지지만,
바다 위의 구름과 같이
일렁이는 것은 달빛 불빛의 단편인가.

20. 시간을 되돌려 그대를 만나러 간다면 2014.09.29.

같은 하늘 아래에 있어
안도함을 느끼고

같지 않은 하늘 아래에 있어
변화를 느낀다.

순간순간 숨을 쉴 때마다,
기분에 따라 올려봤다 내려봤다,
그저 있는 것만으로 만지작거리다.

시간을 되돌릴 수 있다면
당신은 무엇을 하겠는가?

어떠한 미래를
보고 듣겠는가?

21. 그 와중의 2014.10.19.

'매 순간, 매 장소마다,
내가 숨을 들이키고, 내가 서 있고,
내가 씻고, 내가 자고,
내가 온기를 느끼고, 또 부족함을
느낄 때,

또 숨을 내쉰다.
그리고……

그 와중에, 내 자신이 있다.

22. 다르다 2014.10.28.

문득,
다름을 느끼다.

23. 연기 속의 열매 2014.11.08.

언뜻, 상황이 오가는 와중을 느껴 보니,
웃고 있는 자신이 보인다.
그동안 계속 보고 싶었던 광경이고,
그동안 갈망하던 광경이다.

허나 문득 생각해 보니
상황만 맞으면 나는 이 상황을 만들어 낼
것임이 분명하다.
단순히 상황만 맞으면 이 광경을 내 자신은
표현할 것임이 분명하다.
결코 상황을 보는 것이 아닌

아무리 내가 그토록 보고 싶어 하는 내 자신일지라도,
문득 생각해 보니 이것은 기계적인 행동 그 이상도 이하도 아니다.

아무리 내가 원하는 광경일 지라도,
문득 생각해 보니 거기에는 평정도, 관점도 없다.
기계적인 행동, 자기도취, 그 이상도 이하도 아니다.

그럼에도 스멀스멀 올라오는 이 감정이 있다.
가느다란 연기처럼 피어오르는 이 광경이 있다.

허나 또 생각해 보니
이러한 광경은 또 몇 가지 있다.
善 - 착하게 살겠다는 마음 또한 마찬가지다.
상황만 맞으면 나는 분명 달려오는 기차 앞으로, 그 광경 속으로 달려 나갈 것이다.

기계적인 행동, 자아도취.
善일지언정, 이것은 善이 아니다.

그럼 惡은?
善이라 할 만한 것이 사실은 아니었으니, 惡이라 할 만한 것의 존재가 커진다.
아니 - 원래부터 그러했던 것이 단순히 관점이 바뀌니 순간 더 크게 부풀어 보일 뿐이다.

살인이나 강간에는 관심이 없을지언정,
나뭇가지를 비틀어 꺾는 것이나,
사람의 팔을 비틀어 꺾는 것이나
그 감각은 크게 다르질 않다.
거기서 나는 눈물은 하등 다르질 않다.

허나 이는 善도 惡도 아니다.

평정 속의 모든 것은, 그저 작게 피어오르는 연기일 뿐이다.

24. 비 2015.05.06.

비가 내리면 나무의 꽃도 떨어지고
풀도 고개를 숙인다.

허나 떨어진 비는 토양에 스며들어 윤기를 주고,
나무는 또다시 하늘을 향해 자란다.

이리 내가 사는 세상을 바라만 보니,
비가 내린 뒤에는 하늘이 갠다.

세상이란 이리도 여러 곳을 바라볼 수
있기에,
지금, 내 자신이 여기에 있다.

25. 탈색 2015.05.08.

부정하는 것이 아닌 받아들일 때
더 이상 계절이 돌듯 색이 바뀌는 것이 아니라
순식간에 탈색이 됨을 스스로 느낄 때.

이때가 그저 가볍네.

그러니 필요하면 말하고,
필요하면 내뻗고,
필요하면 걷다가,

크게 부딪히는 와중 순간 바람이 불면,
혹 모든 것이 맞아떨어져 있다면,
파도가 들어오듯 바뀌는구나.

순식간에 색이 빠지는 그 순간.
어디로부터 시작됐고 어디로 갔는지 보이기에

통하는 것은 통하게,
'내' 남은 필요를 풀어줄 뿐이네.

昊靑

호청

01. 호청의 부동산과 수행修行

저는 수행인修行人입니다. 하지만 '수행修行이란 과연 무엇인가?', '수행을 하는 이유는 무엇인가?'에 대한 확실한 답을 아직 갖지 못했습니다. 수행이란 깨어 있어야 하고 지켜보는 것이며 그 목적은 깨달음을 얻기 위해서 하는 것이라 알고 있습니다. 이것은 들어서 아는 것이며 제가 스스로 정립한 것이 아니기에 앵무새처럼 따라하는 것입니다. 스스로 이것이 명확해지고 수행관修行觀을 올바르게 세우기 위해 이렇게 글을 써 내려가고 있는지도 모르겠습니다.

그리고 저는 수행인이지만 사회적인 직업으로 부동산을 업業으로 하는 사람입니다. 부동산업에는 먼저 부동산과 그를 필요로 하는 사람을 연결해 주는 중개업이 있고 다음으로 부동산을 싸게 사서 비싸게 팔아 차액을 남기는 것을 목적으로 하는 부동산 투자도 있고 또 토지에 건물을 짓는 것을 목적으로 하는 부동산 건축 분야도 있습니다. 직접적, 혹은 간접적으로 이러한 분야들을 모두 접하고 있지만 이번에 제가 쓰는 글은 중개활동을 하면서 느끼는 직업職業과 수행에 대한 이야기를 풀어볼까 합니다.

수행과 직업, 이 두 가지는 동떨어진 것인가? 수행인으로서 직업을 가질 수 있는가? 또는 직업인은 수행을 할 수 없는가? 이러한 의문은 수행인으로서 사회생활을 하는 사람이라면 누구나 갖는 의문입니다. 저는 이러한 의문에 대한 답을 찾고 있습니다. 이렇게 글을 쓰는 것은 그에 대한 답을 찾는 과정의 하나이며, 그리하여 직업이 수행과 별개가 아닌 사회생활이 곧 수행이라는 것을 체험해 나가고자 합니다.

02. 중개인의 역할

부동산과 수행을 주제로 쓰는 첫 번째 글은 부동산 중개인의 역할에 대한 이야기입니다. 부동산 중개인의 주 업무는 부동산과 그를 필요로 하는 사람을 연결하는 것인데 이것이 수행과 어떻게 연관될 수 있는지 살펴보도록 하겠습니다.

수행은 신神에게 이르는 길이라고 하고 나를 버리고 우주와 합일하는 것이라고도 합니다. 그래서 나를 버리는 것이 필수적인 과정이며 이 과정을 거치지 않고서는 수행의 시작이라고 할 수도 없다고 합니다. 여기서 버려야 할 나는 다른 말로 에고ego라고도 합니다.

그리고 수행은 항시 어느 한쪽으로 치우침 없이 중정中正을 유지해야 한다고 합니다. 이 중정은 주역에서 유래한 단어로 그것의 의미는 밸런스balance가 아닌 밸런싱balancing이라고 합니다. 고정된 균형이라는 의미보다, 끊임없이 움직이는 변화 속에서 중심을 잡아야 하거나 중심은 계속 변한다는 의미입니다. 물론 이것은 중정을 설명하는 의미 중 밸런싱에 한정해서 하는 부분입니다. 참고로 이 밸런싱은 5:5가 아닌 6:4가 될 수도 있고 1:9가 될 수도 있습니다.

부동산 중개인은 그의 업무로서 계약의 양 당사자(부동산의 소유자와 그 부동산을 필요로 하는 자)사이의 입장을 조율하게 되는데 이때 중개인은 어느 편에도 치중하면 안 됩니다. 이것은 그를 믿고 맡기는 당사자들을 생각하면 당연한 의무일 것입니다.

이러한 중개인의 의무를 보면 수행에서 나를 버리는 것이 떠오릅니다. 중개인은 본인의 입장을 내세우면 안 되고 오직 양당사자가 원하는 것이 무엇인지를 정확하게 파악하여 그에 맞게 움직여야 합니다. 즉 나의 입장은 없어져야 하는 것, 나를 버리는 것이 됩니다.

그리고 어느 쪽이든 편들지 않는다고 해서 중개인이 생각 없는 기계처럼 멍청하니 가만히 있는 것이 아닙니다. 끊임없이 양측의 입장을 조율해야 하며 좁혀야 할 의견이 있으면 양측을 설득하여 끌어당겨야 할 것이고 명확히 구분해야 할 조건과 조항이 있으면 정확하게 짚어서 밝히고 명문화하는 데 집중해야 할 것입니다.

양측의 합의를 이끌어 내는 데 끊임없이 움직여야 하고 아무것도 안 하고 가만히 있으면 안 되는 이러한 중개인의 의무는 중정과 관계가 있는 것 같습니다. 즉 중개인은 양측을 기계적으로 정확하게 양적으로 5:5로 나누는 역할이 아니라는 것입니다. 때로는 6:4도 해야 할 것이며 상황에 따라서는 3:7도 될 수 있을 것입니다. 어떤 비율이 그 상황에 맞는 중정이 되는지는 상황에 따라 다를 것입니다.

예를 들어 매도인이 부동산을 빠른 시일 내에 처분하고자 하는 의도를 가진 경우에 중개인은 시세보다 낮은 가격으로 계약을 진행하여 매매를 성사시킬 수도 있을 것입니다. 이렇게 되면 급하게 진행하지 않는 일반적인 매매계약의 경우보다 매도인이 손해를 보게 됩니다. 하지만 매도인은 손해를 조금 보게 되었지만 대신 시간을 벌 수 있기 때문에 매도인 나름대로 합리적으로 수긍할 수 있습니다. 그리고 매수인은 매수인대로 금액적인 면에서 이득을 취할 수 있으므로 이런 경우는 양적으로 보면 어느 한쪽으로 기울어진 계약이지만 여러 가지 측면을 모두 고려했을 때는 균형이 맞는다고 할 것입니다.

마무리하면 중개인은 스스로의 입장보다 양측의 의도를 정확하게 파악하여 조율하는 데 집중해야 할 것이고 또한 중개인은 양측의 입장을 조율하는데 끊임없이 움직여야 할 것이며, 그러한 과정 속에서는 어느 한쪽으로 기울지 않고 공정한 시각으로 균형을 잡도록 해야 할 것입니다. 이것을 지켜 나간다면 수행자로서 중개인의 역할에 어긋남이 없을 것이라고 생각됩니다.

03. 가계약금

이번에는 부동산 거래에서 흔하게 등장하는 가계약금에 대한 이야기를 해보겠습니다. 가계약금이란 본계약을 체결하기 전에 임시로 하는 가계약에 대한 계약금을 가리키는 말입니다.
부동산 거래 계약에 무슨 본계약이 있고 가계약이 있을까요?

자본이 많이 투입되거나 완료까지 상당한 기간이 걸리는 재화나 용역에 대한 거래계약은 절차적인 부분이 길어지게 됩니다. 자본이 커지면 그에 대한 이전 절차가 복잡해지기에 절차적인 부분이 길어지고, 완료까지 기간이 소요되는 것은 이러한 기간과 함께 절차도 길어지기 때문에 그러합니다. 이렇게 절차적인 부분이 길어지는 경우의 거래계약은 계약에 앞서 가계약이라는 것이 존재합니다.

부동산의 경우는 자본이 많이 투입되는 것이기에 이전 절차가 복잡하고, 또한 이행이 완료되기까지 상당한 기간이 걸리기에 절차적인 부분이 길어지는 거래계약에 속한다고 볼 수 있습니다. 이러한 부동산 거래계약은 일반적으로 계약금-중도금-잔금의 과정을 거쳐 진행됩니다. 최초의 계약금 과정이 본계약을 체결하는 시점인데 여기서 말하는 가계약은 이러한 본계약에 앞서 하는 계약을 말합니다.

가계약의 경우는 계약서를 쓰지 않고 구두로 계약의 주요 내용을 합의하게 됩니다. 일반적으로 구두계약도 당연히 유효한 것이지만 계약서를 쓰는 본계약에 비하면 절차가 간소한 것이 특징입니다. 이 때 가계약의 증거로 가계약금을 주고받게 되는데 이 가계약금의 역할에 대한 것이 오늘의 주제입니다.

제가 말하고자 하는 가계약금의 의미는 시작입니다. 일단 가계약금을 걸게 되면 발을 들여놓은 상태입니다. 들어갈까 말까, 시작할까 말까를 고민하고 계산하는 과정은 이미 끝냈다는 것입니다. "이 집으로 계약하겠습니다", "이 땅을 사겠습니다" 등의 말로 하는 시작은 쉽습니다. 하지만 그것을 행동으로 옮기는 것은 또 다른 문제입니다. 가계약금은 행동으로 보여주는 시작입니다.

오늘 가계약금을 이야기한 것은 결정되면 일단 들어가라는 것입니다.

> 강해지고 싶으면 수련을 하고
> 사업을 결심했으면 시작하고
> 이성이 마음에 들면 작업을 걸고
> 필요한 물건이면 구입하고
> 여행을 하고 싶으면 떠나고
> ....

수렁이 될지 낙원이 될지, 고생만 할지 성과가 있을지 아무도 모릅니다. 일단 전진해야 합니다. 망설이다가는 소중한 기회를 놓치고 맙니다. 가계약금을 거는 것은 뒤에 본계약을 맺고 중도금-잔금의 과정을 거쳐서 계약의 마무리까지 멈추지 않고 가겠다는 의지의 표명입니다.

물론 가계약 이후 계약을 끝까지 밀고 나갈 것인지 중도 포기를 할 것인지 선택은 이후의 상황에 따라 얼마든지 달라질 수 있습니다. 계약을 끝내는 것이 더 나은 선택이라면 가계약금을 포기하고 미련 없이 계약을 끝낼 수도 있습니다. 이 또한 본인의 선택이고 의지로 하는 일이니 그에 맞는 인과因果를 본인이 받으면 됩니다.

"일단 시작하라."

이는 저 스스로에게 하는 말이지만 여러분들도 스스로에게 가계약금을 걸어 보시기 바랍니다.

04. 시세의 파악

요즘은 부동산의 가격을 파악하기가 예전보다는 많이 수월해졌습니다. 인터넷의 급속한 발전으로 각종 정보가 접근하기에 용이해졌기 때문입니다. 검색을 몇 번 해보면 어떤 부동산이든지 대강의 시세를 금세 알 수가 있습니다. 그렇더라도 인터넷 검색만으로 내가 거래하고자 하는 부동산의 가치를 정확하게 판단할 수는 없습니다.

부동산의 시세는 특히 현장에서 임장을 통한 파악이 중요합니다. 현장에서의 변화가 인터넷에 반영되는 데는 길든 짧든 시차가 있기에 그러합니다. 소소한 물건도 가게에 따라 혹은 판매 사이트에 따라 가격 차이가 나듯이 부동산도 지역에 따라 혹은 중개업소에 따라 차이가 날 수 있기에 임장을 통해 여러 군데를 조사해야 하는 것입니다.

그리고 공장에서 대량 생산되는 물건들과 달리 부동산은 똑같은 것이 없으므로 모든 부동산의 가격은 다른 것이 정상입니다. 부동산의 대량생산이라고 하면 아파트를 떠올릴 수 있는데 이러한 아파트도 동과 호수에 따라 가격이 달라지는 것이니 동일한 부동산 물건은 없다고 볼 수 있습니다.

가격을 정확하게 알아내기 위해 다양한 각도로 조사가 이루어집니다. 인터넷에 올라온 매물들을 비교분석하여 1차 조사를 하고 국토정보부에서 실거래가를 조회하고 인근 부동산사무실을 방문하여 현장조사를 합니다. 이렇게 시세조사를 하여 정확한 가격을 알아가는 것은 나를 알아가는 과정을 생각나게 합니다.

1억의 인간은 모두 다르므로 1억의 개성과 특징을 가지고 있을 것입니다. 구체적으로 어떤 사람인지, 어떤 생각을 주로 하는지, 어떤 감정에 쉽게 휩싸이는지, 몸은 어떤 부분이 강하고 약한지, 어떤 사람들을 좋아하는지 말입니다. 이러한 자기만의 개성과 특징이 있는 나에게는 오욕칠정이 일어나고 그에 따라 몸과 마음이 움직이고 또한 생각이 움직임이 끊임없이 이어지는 것을 볼 수 있습니다.

내가 주로 하는 생각과 말과 행동은 나의 개성과 특징이라고 할 수 있는데 이러한 부분은 스스로를 정확하게 관찰하여 알아낼 수도 있고 나를 지켜보는 다른 사람들을 통해서도 알 수 있습니다. 또한 스스로의 개성과 특징을 알 수는 있지만 그것이 생각이나 행동을 통해 드러날 때에도 그것을 스스로 인식하는 것은 대단히 어렵습니다. 그러려면 나의 모든 생각과 행동이 습관적으로 생각하고 움직이지는 않는지 항상 체크해야 하기 때문입니다.

부동산의 시세가 정확하게 파악되었을 때 그 시세를 부동산이라고 할 수는 없습니다. 가격이라는 것은 다른 부동산, 혹은 다른 재화와 비교하여 상대적으로 측정한 가치평가에 불과하니까요. 부동산은 시세를 포함하여 그 부동산에 관한 모든 것을 포함하는 부동산 그 자체입니다.

나의 개성과 특징을 정확하게 이해하게 되면 그러한 "개성과 특징"이 "나"라는 존재인가?하고 생각해 볼 수 있지만 "개성과 특징"이 "나"가 아니라는 것은 부동산의 가격이 부동산 그 자체가 아님을 보면 쉽게 알 수 있습니다. 나의 개성과 특징이라는 것 또한 다른 이와 비교를 통해 드러나는 상대적인 것이기 때문입니다.

다른 사람과 나를 구분 짓는 특징이 내가 아니라면 그럼 진짜 나는 누구일까요? 이를 진아라고도 하고 내 안의 나라고도 하는데 저도 체험해 보지 못했기에 계속 수행 정진 중입니다. 그렇다면 위에서 스스로 나의 특징을 파악할 때 그러한 나의 생각과 말과 행동을 지켜본 것은 누구일까요? 깨어 있는 의식으로 지켜보아야겠습니다.

05. 손님 안내의 문제

부동산 중개업소를 찾아오는 사람은 크게 두 가지입니다. 소유 또는 점유하는 부동산의 매매 또는 임대를 의뢰하려는 사람과 소유 또는 점유를 위해 부동산을 구하려는 사람입니다. 여기서 중개의 목적물인 부동산은 부동산업계의 용어로 '물건'이라고 부르기도 합니다.

오늘 이야기할 부분은 물건을 구하려는 손님에 대한 부분입니다. 손님이 원하는 물건을 중개업자가 찾아주는 과정을 부동산업계에서는 '손님 안내'라고 합니다. 어느 날 손님이 사무실을 방문하여 집을 구하러 왔노라고 합니다. 그러면 중개사는 손님에게 몇 명이 살 것이며 가격은 얼마짜리를 찾느냐 등을 물어 보게 됩니다. 이때 얻은 정보를 바탕으로 손님의 의중을 정확하게 파악해야 합니다.

이자가 부담스러워 대출 없이 작은 집을 구하는 손님에게 대출이 많이 들어가는 비싼 주택을 권하거나 세대분리를 원하는데 공간 구분이 없는 집을 보여준다든지 하면 그 손님은 중개사와 계약을 하지 않으려 하겠지요.

그러면 손님의 의중을 어떻게 정확하게 파악할 것인가가 문제됩니다. 손님과의 대화를 통해 최대한 파악하는 것이 기본입니다. 전세를 구하러 왔다고 하지만 실상 매매에 대한 두려움 때문인 경우 매매에 대한 두려움을 없애주고 매매를 할 수 있게 도와주어야 합니다. 넓은 집을 원한다고 하는데 사실 채광 좋고 통풍이 좋은 집을 원하는 경우 또한 손님의 의중에 맞춰야 됩니다. 이때 손님과의 대화에서 손님의 말, 표정, 반응 등 여러 가지를 종합적으로 고려하여야 합니다.

그리고 이 과정에서 중개사인 나의 생각은 중요하지 않다는 것입니다. 상대방의 의도와 입장을 파악하여 손님의 드러난 의도는 그에 맞춰주려고 노력하고 손님의 숨겨진 의도는 끌어낼 수 있도록 해야 합니다. 나의 생각과 욕심이 끼어들면 안 됩니다. 큰방을 원하는 손님이 원하는 방이 없을 경우 큰방을 원하는 이유를 알아보니 침대를 넣으려고 하는 경우가 있습니다. 이때 처음부터 침대가 옵션으로 있는 방을 구해주는 것도 손님의 의도를 맞추어 주는 것이 될 수 있습니다.

우리는 살면서 많은 정보를 접하게 됩니다. 중개사가 손님 안내를 할 때 중개사의 생각은 버려야 하듯이 다른 정보를 접할 때도 마찬가지로 할 필요가 있습니다. 사람이든 사건이든 정보가 들어오게 되면 있는 그대로 바라보아야 한다는 것이며, 나의 관념이나 틀로서 재단하면 안 된다는 것입니다. 오감으로 들어오는 정보에서 언어를 통한 정보까지 프레임frame을 가지고 거르지 말아야 할 것입니다.

나의 프레임, 혹은 관점으로 거르는 것은 내가 보고 싶은 것만 보고, 내가 원하는 것만 하고, 내가 익숙한 것만 하겠다는 말입니다. 여기서 말하는 나, 즉 에고의 휘둘림에 그대로 따라가는 것이지요. 그래서 사물을 있는 그대로 보지 못하고 왜곡이 일어나게 됩니다.

그러면 '사물을 있는 그대로 바라보려면 어떻게 해야 하는가'가 문제인데 말 그대로 있는 그대로 바라보는 것이라 무슨 특별한 방법론이 있는 것이 아닙니다. 다만 나의 말이나 행동이 일어날 때 어떤 이유로 그것들이 나오는지 지켜보아야 할 것입니다. 앞에서 살펴본 나의 개성과 특징이 이러한 왜곡을 일으키는 주요 원인이 될 수 있습니다.

궁극적으로는 이 세상에 있는 '나'의 존재 자체가 거대한 프레임이고 필터링이므로 수행에서는 '나'가 사라져야한다고 말합니다.

나의 프레임으로 정보에 대한 필터링을 거쳤는가?
만약 필터링했다면 나는 왜 그러한 필터링을 했는가?

06. 중개 대상물의 확보(물건 개발)

부동산 중개 업무는 중개 대상인 부동산과 그것을 필요로 하는 고객을 연결하는 일입니다. 중개 대상물의 확보는 중개업자가 소유자로부터 소유 부동산의 중개를 의뢰받아 오는 행위를 말하며 중개업계에서 흔히 쓰는 용어로 물건 개발이라고도 합니다.

중개 대상물의 확보는 여러 가지 방법으로 이루어집니다. 중개업자가 소유자를 직접 방문하여 거래를 제안하는 경우도 있고, 편지를 통해 동일한 제안을 할 수도 있으며, '개발 딱지("주택 매매 하실 분 손님 대기 중 ○○부동산 최이사 010-0000-0000"와 같은 간단한 중개제안 메모)'라고 하는 것을 해당 부동산 문 앞에 붙이기도 합니다.

부동산을 찾는 사람에게 적합한 부동산을 소개하는 것이 부동산 중개업자의 역할이므로 중개업자는 중개 대상물을 확보해 두어야 합니다. 중개할 부동산의 확보가 먼저냐 그것을 구하는 손님이 먼저냐를 보면 중개 대상물의 확보가 우선입니다. 중개 대상물 없이 손님을 맞을 수 없고 손님이 있더라도 결국은 중개 대상물을 확보해야 하기 때문입니다.

이러한 중개 대상물의 확보에 있어서 가장 중요한 것이 있습니다. 바로 꾸준함입니다. 개발딱지를 붙이건 가가호호 방문을 하건 중개 대상물을 확보하기 위한 작업은 꾸준하게 이루어져야 합니다. 사실 중개 대상물의 확보 작업은 육체적으로 힘든 점도 있고 직접 방문 작업의 경우 문전박대도 많기에 하기 싫은 때가 더 많습니다. 하지만 부동산 중개업을 계속해 나가는 한 이것은 절대 끊어지면 안 됩니다. 물건이 많이 들어왔다고 중개 대상물 확보를 멈추거나 계약을 많이 했다고 그러한 작업을 하지 않는다면 조만간 그 사무실도 쉬게 될 것입니다.

중개 대상물의 확보 작업에서는 꾸준함이 중요한 점이었는데 수행역시 그러합니다. 하기 싫을 때도 있을 것이고 육체적으로 피곤하기도 할 것이고 이유는 많을 것입니다. 그렇다고 수행을 게을리 하거나 꾸준히 하지 않는다면 안 될 것입니다. 변화가 있든 없든 무언가를 얻든 잃든 그것이 언제 올지 모르기 때문에 계속해야 합니다.

수행자들이 늘 듣는 말이 있습니다.

　　"깨어 있어라."
　　"지켜보아라."

항상 놓치는 것이고 잊어버리는 것이기도 합니다. 중개 대상물의 확보 작업을 꾸준히 하지 않으면 사무실이 어려워지는 것처럼 꾸준하게 깨어 있으려 하고 지켜보려 하지 않는다면 수행 또한 의미 없어질 것입니다.

* 소유권의 경우를 예로 들어 설명하였기에 부동산의 중개 의뢰인을 소유자라고 하였을 뿐이며 계약기간 중 임차권 변경의 경우 부동산의 중개 의뢰인은 임차인이 될 수도 있습니다.

07. 신뢰를 얻기 위한 노력

부동산 중개에서 소유자나 손님을 상대할 때 중개사는 상대방의 신뢰를 얻는 것이 중요합니다. 부동산은 다른 재화에 비해 상대적으로 금액이 큽니다. 그래서 부동산 거래는 더욱 신중하게 할 수밖에 없습니다. 중개사를 믿고 큰 재산이 움직이기 때문에 중개사에 대한 신뢰가 있어야 하는데 이러한 신뢰는 첫인상을 통해 좌우되는 경우가 많습니다.

첫인상은 보통 중개사의 외모와 사무실 분위기를 통해 형성됩니다. 단정하지 못한 외모의 중개사와 부동산과 어울리지 않는 분위기의 사무실(예를 들면 부동산 사무실을 클럽처럼 꾸민 경우)을 본다면 누구라도 자신의 재산을 맡기고 싶지 않을 것입니다.

손님의 신뢰를 얻기 위해 외모를 정비하고 사무실을 꾸미듯이 수행을 통해 내면으로 다가가려면 내면과 친해질 수 있어야 할 것입니다. 친해지려면 신뢰를 얻어야 할 것인데 그것을 얻는 방법은 다름 아닌 깨어 있고 지켜보는 것입니다. 매사에 습관적으로 움직이고 스스로 어떻게 움직이는지 인지하지도 못한다면 의식은 당연히 외부로만 향하게 될 것입니다. 내면은 의식하지도 못하고 끊임없이 움직이는 외부에만 마음이 빼앗기면 내면의 신뢰를 잃게 될 것입니다.

그런데 중개업에서 상대방의 신뢰를 얻는 것은 나의 생각대로만 하는 것이 아닌 상대방의 입장에서 생각하고 고려하는 것이 필요합니다. 나와 남이 다름이 아님을 알고 내가 좋아하는 것을 남에게 해주는 것이 곧 나에게 해주는 것이라고 합니다. 그렇다면 외부의 신뢰를 얻는 것이 내면의 신뢰를 얻는 것과 다르지 않을 것입니다.

중개업에서 신뢰를 얻기 위해 외모와 분위기를 만들 때 온 정성을 다해서 해야 합니다. 이것이 실제로 손님의 신뢰를 얻을 것인지 손님을 안심시킬 수 있을지 끊임없이 체크하고 점검해야 합니다. 습관적으로 하지 말고 깨어있는 의식으로 움직인다면 그것이 곧 내면에 접근해 가는 길일 것입니다.

직업에서 상대방의 신뢰를 얻기 위한 노력이 곧 나의 내면의 신뢰를 얻는 것과 같은 것이라는 것을 알 수 있습니다. 이것은 사회적으로 능력 있고 성공하지 못하는 사람은 수행에서도 성공할 수 없다는 말과 상통하는 것 같습니다. 사회적으로 성공 못한 사람은 수행을 자신의 도피처로 생각하는 경우가 많기에 그러합니다. '사는 게 힘드니까', '성공할 수 없을 것 같으니까 수행이나 하자~'라는 생각으로 접근하기에 그 사람에게는 수행 또한 이전의 삶과 다를 바 없는 것입니다.

그래서 조르바 붓다(라즈니쉬가 언급한 깨달음을 얻은 사람, 세속과 탈속의 어느 쪽에도 구속되지 않는 자유인)가 되어야 한다는 것 같습니다. 이는 수행자가 사회적 직업을 어떻게 영위해야 할 것인가에 대한 답이 될 수 있겠습니다. 그 직업에서 마땅히 해야 할 업무에 최선을 다한다는 것입니다.

'나는 수행자이니 중개 업무는 착하게 해야지', 혹은 '나는 수행자이니 일은 대충하고 앉아서 호흡 수련이나 해야지' 등의 생각은 모두 수행 따로 일 따로 분리하고 있는 그릇된 분별심의 결과입니다. 그리고 사회적인 성공을 거둔다면 그 이후가 중요하다고 합니다. 그러한 성공에 취해 계속 돈 버는 데만 집착할 것인가 아니면 돈을 쓸 때도 돈을 벌 때와 똑같은 의식으로 최선을 다해서 쓸 것인가 또한 그 모든 것이 허상임을 깨달을 것인가?

그렇다고 수행자는 무조건 사회적 성공을 거둔 사람이어야 한다는 것은 아닙니다. 사회에서도 대충하는 사람은 수행에서도 대충하며 인생 도피처로 삼는 경우가 대부분이기에 이것을 경계하는 것입니다. 결론은 수행자로서 사회적 직업을 해나감에 최선을 다해 극진하게 해야 한다는 것입니다.

08. 결과에 대한 기대

일을 하면서 계약을 성사시키기 위한 나의 노력이 결과에 부합하는 경우도 있지만 그렇지 않은 경우가 더 많습니다. 부동산을 소개하기 위해 여러 번 안내했는데도 별다른 소득이 없을 수 있고 반면 손님이 스스로 사무실을 방문하여 물건만 한 번 보고 바로 계약하는 수월한 경우도 있습니다.

이처럼 노력을 했지만 계약에까지 미치지 못한 경우도 있고 노력보다 쉽게 계약이 되는 경우도 있습니다. 이를 운이라 하기도 하고 팔자라고 하기도 하지만 기본 전제는 뭔가 행위를 했다는 것입니다. 아무것도 안 하는데 계약이 저절로 될 수는 없겠지요.

그런데 이런 노력 또는 행위를 할 때에는 응당 결과에 대한 기대를 하게 되는데, 이때 기대를 과도하게 하면 과도한 실망으로 이어지기 쉽습니다. 이 정도까지 했으니 계약하겠지, 이 정도까지 했으니 우리 사무실에 의뢰하겠지 등의 기대는 안 할 수는 없지만 결과는 나오는 대로 받아들여야 합니다.

일은 즐기면서 해야 한다는 말은 쉽지만 받아들이기 어려운 때가 더 많습니다. '당장 이번 달 월세가 걱정되고 밥값을 벌어야 하는데 어떻게 즐기라는 건지'처럼 이런 걱정과 근심은 알고 보면 쓸데없는 것이 대부분이지요. 걱정으로 인해 상황이 호전되거나 변화시키는 데 아무런 도움이 되지 않기 때문입니다.

수행을 함에 있어 결과에 대한 기대, 혹은 뭔가를 바라고 시작한다면 번지수를 잘못 잡은 것입니다. '뭔가가 되어야겠다', '뭔가를 이루어야겠다'는 것은 세속의 야망을 수행으로 그대로 가져온 것이라 옳지 않습니다. '이 정도까지 했으니 이번 달 안에 몸에 무슨 변화가 오겠지', '이 정도 했으니 마음수양이 되었겠지', '이 정도면 되었겠지'와 같은 기대는 세속의 야망과 다를 바가 없습니다.

수행은 모든 것을 버리는 것이고 결국 내가 사라지는 것이라고 합니다. 뭔가가 되고 싶고, 뭔가를 이루고 싶고, 뭔가 원하는 바가 있는데 내가 없어질 수는 없겠지요. 그래서 계약을 위해서 최선을 다하지만 성사되든 무산되든 결과를 그대로 받아들이는 것은 수행인으로서 직업을 영위함에 있어 마땅한 자세라고 생각됩니다.

그런데 여기서 놓치면 안 되는 것이 무기력하거나 무능력한 것은 경계해야 합니다. '이 정도까지 하면 계약이 되겠지'라고 생각하면 안 된다고 했습니다. 그럼 '이 정도까지 했지만 계약이 안 되었으니 운이라 생각하자'는 옳은 태도인가? '이 정도'라는 것이 어느 정도인지가 중요합니다. 정말 몸과 마음을 다하여 온 정성으로 그것을 하였는가, 더욱 개선하고 발전할 수 있는데 생각도 안 해보고 운이라는 핑계로 도망가는 것은 아닌가, 경계해야 할 것입니다.

나의 노력에 대한 보상심리가 없이 오직 그냥 하고 그냥 기다릴 수 있는 것은 보통 쉬운 일이 아닙니다. 저도 "결과는 그대로 받아들여야지"라고 말하면서 내가 기대한 행동, 혹은 내가 기대한 결과가 나오지 않으면 분노, 자괴감, 실망 등 온갖 감정에 휩싸여 어쩔 줄 몰라 하는 것을 자주 봅니다.

더 이상 결과에 대한 기대와 실망이 없어지면 삶에서 원인과 결과가 연관성이 점점 옅어질 것 같은데 그때는 인과因果에서도 점차 벗어나는 것이 아닌가 조심스레 생각해 봅니다.

Allure

1. Allure의 화장품 철학 소개

화장품 철학이라고 하면 '내 피부에 맞는 것만 쓰겠다', '국산 화장품만 쓰겠다', '저가의 화장품만 쓰겠다', '콘셉트가 들어간 화장품만 쓰겠다' 등 나름 정보와 경험을 바탕으로 만든 자신만의 기준을 말합니다. 그러나 제가 여기서 말하는 화장품 철학은 자신의 기준이 아닌 신神의 기준, 즉 철학적인 관점으로 화장품을 바라보고 풀어 보는 것을 말합니다.

철학은 일반적으로 그 대상의 근본을 밝혀내고자 할 때 쓰입니다. 그렇다면 화장품의 근본은 무엇일까요? 우리 인간의 근본은 무엇일까요?

이성을 만나기 위해서는 나름 화장도 하고, 향수도 하고, 꾸미기도 해야 될 것입니다. 하지만 神을 만나기 위해서는 외면이 아니라 내면에 꾸준히 화장을 하고, 꾸미고 있는 나 자신을 발견하고, 그 얼룩진 화장을 지워 나가야만 만날 수 있을 것입니다. 외면의 화장이 아닌 내면의 화장을 고치고 싶다면, 지우고 싶다면 Allure의 화장품 철학이 도움이 될 것입니다.

(1) 화장품의 역사

인간이 화장을 시작한 것은 근래에 기술이 발달하면서부터 시작한 것이 아니다. 원시시대부터 무서운 맹수로부터 몸을 지키기 위해 몸에 문신을 하거나, 색을 칠하면서부터 시작되었다. 그리하여 역사가 흐름에 따라 화장은 그 사람의 신분이나 계급 등을 표현하는 수단이 되었고, 더 나아가 치료용과 더불어 단순히 외부적인 아름다움만을 위한 화장품들이 발달되었다.

이렇게 화장품 과학이 점차적으로 발달하여 대부분의 사람들이 아름다움과 더불어 손쉽게 피부건강을 찾을 수는 있었지만 아직까지도 연구와 개발이 미흡한 분야가 있다. 그것은 바로 화장품 철학이다.

철학이라고 해서 뭔가 고상하고 기품 있는 것을 연구하는 게 아니다. 자신의 내면 안에 있는 로고스logos, 즉 존재의 본질을 연구하는 것이다. 과학이 세상의 원리와 법칙을 통하여 인류의 외부 생활을 풍요롭게 만드는 데 도움이 된다면 철학은 세상의 원리와 법칙 안으로 들어가 자신의 내면을 풍요롭게 만드는 데 도움이 된다.

외부적인 아름다움만을 추구한다면 화장품 과학만으로도 충분하다. 앞으로도 기술은 계속 발전할 것이기에 새로운 성능의 보다 더 나은 화장품이 계속해서 출시될 것이기 때문이다. 그러나 내면의 아름다움, 진정한 진선미를 추구한다면 화장품 철학, 즉 내면의 탐구를 놓지 말아야 할 것이다.

(2) 화장품의 사용 목적

우리는 어떨 때 화장품을 사용할까?

　　보다 더 아름다워지기 위해
　　깔끔하게 보이기 위해
　　매력적인 변화를 위해

자외선 차단 및 미백, 주름 개선을 위해

자신을 개성적으로 표현하기 위해

공연 및 촬영을 위해

일상에서 탈출하기 위해

이성을 유혹하기 위해

다양한 이유로 화장품을 사용한다. 물론 특별한 이유 없이 화장을 할 수 있지만, 대부분 어떠한 의도를 가지고 화장을 한다.

이러한 화장이 일상화가 되어서 그런 것일까? 자신이 왜 화장하는지를 알면서도 겉으로는 다른 말을 하고는 한다. 자신의 결점을 커버하기 위해서 화장을 했지만, 더 예쁘게 보이기 위해 화장했다고 말한다. 자신의 못난 외모를 숨기기 위해서 화장을 했지만, '쌩얼'과 별 차이가 안 난다고 말한다. 남들에게 인정받고 싶어서 화장을 많이 했지만, 화장을 별로 안 했다고 한다.

이러한 자기 합리화는 무엇일까? 우리가 일반적으로 하는 화장을 외면의 화장이라고 한다면, 이렇게 자신을 합리화 시키는 것을 내면의 화장이라고 볼 수 있다. 대부분이 피부에 화장을 하면서 동시에 자기최면을 걸어 내면까지 꾸며야 화장이 완성되었다고 생각한다.

내면의 화장은 화장할 때뿐만 아니라 일상생활을 하면서도 계속 이루어진다. 상사한테 잘 보이기 위해서 일을 열심히 했지만, 자신의 스펙을 위해서 일했다고 말한다. 자신이 명백히 잘못을 저질렀지만, 다른 사람 때문에 그랬다고 이유를 찾는다. 상대방을 상당히 좋아하지만, 이미 다른 사람이 있을 거라고 상상한다.

내면의 화장이 자기 의도대로 일어나기도 하지만 제멋대로 일어나기도 한다. 사실을 그냥 받아들이면 되는데, 엉뚱한 마음이 계속해서 생각나 그것을 가리고, 막기 위해 내면의 화장을 또 한다. 즉 이미 꾸며진 생각을 피하기 위해 또 생각을 꾸민다는 것이다.

이렇게 내면의 화장이 두껍게 일어나는 이유는 무엇일까? 나의 고집대로 내면의 화장이 일어나든, 자신이 의도치 않게 마음대로 내면의 화장이 일어나든 이유는 결국 한 가지이다. 자신의 진실을 가리기 위해서이다. 자신을 조금만 돌아보면 알겠지만 외면에 화장을 하는 이유는 공통적으로 자신의 본 모습을 가리기 위해서이다. 그렇듯 내면의 화장 또한 자신의 본 모습을 보는 것을 막기 위해서 일어난다.

외면의 화장과는 다르게 내면의 화장은 아주 필사적으로 일어난다. 친구들을 안 만나거나, 약속이 없을 때, 집에 혼자 있을 때는 외면의 화장을 조금 줄이는 게 가능하다. 그러나 내면의 화장은 누굴 만나든, 혼자 있든, 심지어 잠자고 있을 때조차 자신의 의사와 상관없이 지속적으로 이루어진다.

이렇게 쉴 틈 없이 내면의 화장이 일어나는 이유는 자신의 본 모습을 보는 순간 화장이 무의미해지기 때문이다. 내면 깊이에 있는 본래의 자신은 이미 완벽해서 뭔가를 더 화장한다는 것은 꾸민다기보다 더럽히는 게 맞기 때문이다.

내면의 화장은 다른 말로 에고의 작용이다. 에고는 자아로 씨앗으로 비유하면 씨앗 껍질이다. 씨앗 속은 부드럽지만 껍질은 매우 단단하다. 왜냐하면 씨앗 속에 앞으로 나무가 되어서 열매를 맺힐 모든 정보와 핵심이 들어있기 때문이다. 그래서 씨앗 껍질은 이를 보호하기 위해 속에 비해 단단하게 되어 있다.

이렇듯 인간의 에고 또한 매우 견고하다. 내면으로 깊이 들어가고자 안 해도 이런저런 에고의 작용으로 관심을 내면에 두지 못하도록 막는다. 왜냐하면 씨앗처럼 인간의 내면에 모든 정보와 핵심이 들어 있기 때문이다. 인간이 내면으로 들어가는 순간, 씨앗이 싹이 트면 껍질은 의미가 없어지듯이 에고 또한 의미가 없어지기 때문에 굉장히 전략적으로 막는다.

사실 우리가 지구에 태어난 이유는 여러 가지가 있을 수 있겠지만 결론은 한 가지이다. 들판에 있는 꽃과 나무처럼 우리 내면을 꽃피우기 위해 태어난 것이다. 그 이외의 이유는 특별한 경우를 제외하고는 모두 에고가 만든 것이다. 대표적으로 우리가 알고 있는 내면에 꽃을 피우신 분들은 석가모니, 예수, 공자, 소크라테스와 같은 성인들이다.

외면의 화장은 계속해도 상관없다. 그러나 진정으로 아름답게 다시 태어나고 싶다면 내면의 화장을 지워 본래의 자신과 만나야 될 것이다.

(3) 화장품의 사용 부위

화장품은 신체에 사용하는 부위에 따라 얼굴에 사용하는 안면용 화장품, 신체에 사용하는 바디 화장품, 머리에 사용하는 모발 화장품 등으로 나뉜다.

안면용 화장품은 스킨과 로션과 같은 기초 화장품과 립스틱과 아이라이너와 같은 색조 화장품을, 바디 화장품은 바디 클렌저와 바디 페인팅 등을, 모발 화장품은 샴푸나 린스와 헤어스프레이 등을 말한다. 이 외에 매니큐어, 향수, 면도용 제품 등 다양한 부위에 바르는 화장품이 있다.

이는 어디까지나 외면의 화장 사용 부위다. 그렇다면 내면의 화장 사용 부위는 어디일까? 내면의 화장 사용 부위를 여러 부분으로 나눌 수 있지만 일반적으로 아래와 같이 나눌 수 있다.

    1) 신체의 감각기관
    2) 감정
    3) 생각

신체의 감각기관은 어찌 보면 외면의 화장으로 볼 수 있지만 여기서 말하는 것은 신체 감각기관의 내면적인 부분이다. 예를 들어보자.

칼이 한쪽에 놓여 있는 것을 보기만 했을 뿐인데, 칼에 찔리면 아플 것 같고 모기에 물리지도 않았는데, 물린 것처럼 몸을 여기저기 긁고 노래 한 구절을 들었을 뿐인데, 어느 순간 그 노래를 반복해서 부르고 있고 쓰레기 냄새를 아직 맡지도 않았는데, 맡으면 지독할 거라고 미리 불쾌해 하고 자장면만 먹고 있는데, 탕수육 맛을 떠올리고 있는 것 등이 신체의 감각기관에 내면의 화장이 일어난 것이다.

신체의 감각기관 더 안쪽으로 들어가면 감정이 있다. 감정 또한 내면의 화장이 일어나는데 예를 들면 시험에 합격해서 기쁜데, 다음 시험

대비에 걱정을 한다. 상대방 때문에 화가 나는데, '원래 저 사람은 저렇지' 하면서 두려워한다. 일요일에 즐거워 하다가, 월요일에 우울해 한다. 여자친구가 하는 행동마다 미워 죽겠는데, 선물을 사주니 사랑스러워진다. 정말 저것을 사고 싶은데, 돈을 이미 다 써버렸다고 후회한다.

감정보다 더 안쪽으로 들어가면 생각이 있다. 내면의 화장이 일어나는 몇 가지 예를 들면 '오늘은 뭘 시켜 먹을까' 하고 이 메뉴, 저 메뉴 고르다가 결국 배달시간 마감될 때까지 못 고른다. '어떻게 하면 실험 결과가 잘 나올까' 하고 생각만 계속 한다. '돈이 어디 나올 데 없나' 하고 여러 가지 생각을 전개하다가 포기하고, 전개하다가 포기하고를 반복한다. 집에서 가만히 있으면서 생각은 공부를 열심히 해야겠다고 한다. 지금 이 선택을 하는 것이 확실히 맞다고 생각되지만, 그것을 무시하고 평소에 자기 하고 싶었던 것을 한다.

지금까지 예를 든 신체의 감각기관, 감정, 생각의 내면의 화장은 당연히 이게 전부가 아니다. 위의 예시들은 참고만 하고 실제로 자기가 직접 관찰해 봐야 한다. 자세히 관찰해 보면 알겠지만 사실은 신체의 감각기관, 감정, 생각이 다 연결되어 있음을 확인할 수 있을 것이다. 단지 중심이 신체의 감각기관에 있는지, 감정에 있는지, 생각에 있는지의 차이다.

우리는 보통 길가에 사람들과 차들이 지나다니면 그저 지켜볼 뿐, 일일이 사람을 불러 세워 놓고 말을 걸거나, 차를 갑자기 세워서 이 자동차 이름이 뭐냐고 물어보지 않는다. 수없이 많은 차들과 사람들이 지나다녀도 그저 자기 갈 길을 갈 뿐, 일일이 모든 것을 참견하지 않는다. 이러한 관찰력을 자신의 신체 감각기관, 감정, 생각을 관찰하는 데 쓰면 된다.

이미 우리는 능력을 가지고 있다. 이렇게 신체의 감각기관, 감정, 생각에 따라가지 않고, 꾸준히 관찰해 나간다면 어느 순간 생각 안쪽에 있는 본래의 나 자신과 만나게 될 것이다.

(4) 화장품의 구성 성분

화장품을 구성하는 성분은 크게 수성원료와 유성원료로 나뉜다. 정제수, 글리세린, 부틸렌글라이콜 같은 원료를 수성원료라고 한다. 유성원료는 왁스류와 오일류로 나뉘며, 왁스류는 칸데릴라 왁스, 비즈 왁스, 마이크로크리스탈린 왁스 등이 있다. 오일류는 올리브 오일, 캐스터 오일, 마카다미아너트 오일 등이 있다. 이 밖에 고급 지방산, 고급 알코올, 에스터, 실리콘, 색소, 향료, 기능성 원료, 유화세 등 다양한 성분이 있다.

과학이 화장품의 구성 성분이 위와 같이 이루어졌다고 본다면, 철학은 화장품의 구성 성분이 땅, 물, 불, 공기의 4원소로 이루어졌다고 본다. 철학은 화장품이든, 어떠한 사물이든, 인간이든 이 네 가지 원소로 이루어졌다고 본다. 고대 연금술사들은 이 4원소를 활용하여 현자의 돌인 제5원소를 찾고자 하였다. 여기서 제5원소는 쉽게 말하면 본래의 나 자신이다.

화장품 같은 경우는 땅 원소가 많이 들어가면 립스틱이나 아이브로우 같은 제품이 나오고 물 원소가 많이 들어가면 스킨이나 에센스

같은 제품, 불 원소가 많이 들어가면 발열 제품, 공기 원소가 많이 들어가면 스프레이 같은 제품이 나온다.

연금술사들은 4원소가 외부에만 적용되는 게 아니라 내부에도 적용된다고 보았다. 즉 겉으로 보이는 것과 육체만 4원소로 이루어져 있는 게 아니라 내면의 생각과 감정도 4원소로 이루어져 있다고 본 것이다.

먼저 불 원소를 살펴보자. '불'이라고 하면 뭐가 떠오르는가? 뜨겁게 타오르는 게 느껴질 것이다.

> 갑자기 물을 많이 마시고 싶다.
> 급하게 일을 처리한다. 화가 난다.
> 열정적으로 일을 한다.
> 에너지가 넘치는 느낌이 난다.
> 겁이 없어진다.
> 뭔가를 강하게 결심한다.

이러한 일들이 발생하면 불 원소가 영향을 끼치는 것이다.
물 원소는 차갑게 흐르는 게 느껴질 것이다.

> 몸에 추위가 갑자기 느껴진다.
> 상대방에게 쌀쌀맞게 대한다.
> 대상에 무관심해진다.
> 상대방의 처지가 이해가 된다.
> 이성이 사랑스러워 보인다.

차분해진다.

뭔가가 느낌이 바로 온다.

이러한 일들을 일으키는 게 물 원소이다.

공기 원소는 가볍게 뜨는 게 느껴질 것이다.

갑자기 배고픔이 느껴진다.

자기 자랑을 한다.

허풍을 떤다.

장난기가 많아진다.

뭔가를 능숙하게 처리한다.

이 일을 어떻게 처리해야 할지가 눈에 보인다.

어떤 일을 긍정적으로 받아들인다.

공기 원소는 이러한 일들을 일으킨다.

흙 원소는 단단하게 뭉치는 게 느껴질 것이다.

갑자기 성행위를 하고 싶다.

게으름을 피운다.

별일 아닌데 쉽게 우울해진다.

이기적으로 행동한다.

끈기가 생긴다.

신중해 진다.

일을 꼼꼼하게 처리한다.

흙 원소가 일으키는 일들이 이러한 것이다.

이렇게 4원소의 관점으로 자신을 바라보자. 물론 위에서 예시를 든 게 전부가 아니니, 세밀히 관찰해서 각 원소가 어떤 특성을 가지고 있는지 주시해 보자. 자꾸 관찰하다 보면 자신이 어떤 원소를 많이 쓰고, 적게 쓰는지가 보일 것이다.

단, 여기서 주의할 점은 관찰할 때 자신을 속이지 말라는 것이다. 자신을 합리화하며 관찰해 나간다면 실질적으로 어떤 속성에 걸려 있는지 계속 헤매게 될 것이다. 순수한 마음으로 4원소를 꾸준히 관찰해 나간다면 어느 순간 이 4원소를 움직이는 제5원소를, 즉 본래의 나 자신을 발견할 수 있을 것이다.

(5) 화장품의 품질

화장품의 품질을 가르는 기준이 다양하게 있지만 크게 네 가지로 나뉜다. 안전성, 안정성, 사용성, 유용성이다.

1) 안전성은 피부에 사용했을 때 자극이나 알레르기 같은 부작용 등이 없는지 확인하는 것이다.
2) 안정성은 화장품을 사용하는 중에 내용물이 분리가 되거나, 변색 등이 되는지 확인하는 것이다.
3) 사용성은 사용자의 기호에 맞는 디자인이나 색상, 사용감, 휴대성 등이 갖춰져 있는지 확인하는 것이다.
4) 유용성은 자외선 차단이나 미백, 보습과 같은 기능성을 갖추고 있는지 확인하는 것이다.

이렇게 화장품만 보더라도 화장품의 용기나 외관뿐만 아니라 내용물의 품질까지 중요시되는 것을 알 수 있다. 소비자들도 용기만 예쁘다고 품질이 좋다고 하는 게 아니라 그 안의 내용물이 자극 없이 잘 발리고, 변질되지 않아야 품질이 좋다고 인정한다. 즉 품질에 있어서 외부적인 색상이나 디자인 등도 중요하지만, 내부적인 내용물의 안정성, 미용성 등도 중요한 것이다.

그렇다면 인간의 품질, 품격을 향상시키기 위해서는 어떻게 해야 될까? 보통 격이 없이 행동하거나, 버릇없게 굴 경우 싸가지가 없다고 말한다. 싸가지란 원래 싹수를 가리키는데 흔히 인, 의, 예, 지가 없다고도 말하기도 한다. 싹수는 씨앗의 눈으로 이 눈은 식물이 자라는데 필요한 모든 영양분을 축척해 두고 있다가, 적절한 햇빛과 물, 땅이 갖춰져 있을 때 꽃을 피우고 열매를 맺도록 도와준다.

그런데 이 싹수, 싸가지가 인, 의, 예, 지와 무슨 연관일까? 왜냐하면 인간 내면의 본성이 인, 의, 예, 지로 이루어져 있다고 과거 공자님부터 조선시대 성리학까지 그렇게 밝히고 연구해왔기 때문이다. 그렇기에 싸가지가 씨앗의 핵심, 근본을 뜻하므로 인간의 근본인 인, 의, 예, 지를 '싸가지'로 표현한 것은 결코 틀린 표현이 아니다. 인, 의, 예, 지를 현대적으로 쉽게 말하면 사랑, 정의, 예절, 지혜로 말할 수 있다.

정말로 인간의 내면이 사랑, 정의, 예절, 지혜로 이루어져 있는지 하나씩 살펴보자. 사랑은 보통 다음과 같은 경우에 발동된다.

길을 가다가 불우한 이웃을 보았을 때
친구가 딱한 사정에 처해 있을 때
아이가 천진난만하게 행동할 때

아름다운 광경을 보았을 때
상대방과 즐거운 분위기에 있을 때

정의는 다음과 같은 경우에 내면에서 신호가 온다.

동료가 비합리적인 대우를 받고 있을 때
죄수가 마땅히 받아야 할 벌을 받지 않을 때
상대방이 무례하게 행동할 때
물건을 나누는데 한쪽이 욕심을 부릴 때
회사에서 업무를 하는데 나만 뭔가 많이 하는 것 같을 때

예절은 다음과 같은 상황에서 신호가 온다.

학생이 선생님을 만났을 때
처음 보는 사람과 대화를 나눌 때
주인이 손님을 맞을 때
공공장소에서 시설을 사용할 때
의사가 환자와 상담할 때

지혜는 다음과 같을 때 내면에서 움직인다.

둘 중 하나를 선택해야 될 때
복잡한 상황에 얽혀 있을 때
신속하게 일을 판단해야 될 때
어려운 문제에 처했을 때
작업을 하는데 뭔가 놓친 것 같은 느낌이 들 때

위의 상황들을 하나의 예시다. 자신과 주변의 상황에 따라서 똑같은 상황이더라도 내면이 전혀 다른 신호를 줄 수 있다. 그러나 대부분 이를 인지하지 못하고 자기의 판단대로 해석하거나, 인지하더라도 무시하는 경우가 많다.

인, 의, 예, 지는 하나의 내면의 나침반이다. 깨어서, 정신 차려서 내면을 바라보지 않으면 이 내면의 나침반은 아무런 의미가 없다. 오히려 이 나침반을 몰랐을 때보다 더 잘못된 판단을 할 수도 있다.

몇 천 년 전부터 성인들이 올바른 방향으로 나아가라고 이렇게 본성을 밝혀 놨는데 방향만 분석하고 있거나 방향은 알았는데 반대로 가거나 그냥 방향성 없이 자신의 의지로 어떻게든 갈려고 한다면 양식장에 물고기들을 풀어놓고 낚시하라고 낚싯대를 줬는데, 손으로 잡으려고 하거나 생뚱맞게 땅에서 물고기를 잡으려고 하는 것과 똑같다.

사랑, 정의, 예절, 지혜는 방향성이다. 불교의 6바라밀이나 8정도, 기독교의 10계명, 유교의 4단 7정 등도 하나의 방향성일 뿐이다. 종교마다 방향성이 다 다른 게 아니라 단지 동, 서, 남, 북을 'East, West, North, South'로 표기한 것과 동일하다. 어느 쪽이 동쪽이고 서쪽인지 판단해서 앞으로 나아가는 게 중요한 것이지 "이쪽이 동쪽이다", "이쪽이 서쪽이다"라고 외치기만 하는 것은 의미가 없다.

현대인들은 이러한 방향성이 느껴져도 자신의 마음대로 선택하는 경우가 많다. 물론 이게 잘못되었다는 것은 아니지만 대부분이 이러한 선택을 하는 이유는 바로 내면에 화장이 두껍게 되어 있기 때문이다. '나는 그런 것 잘 모르겠다'고 할지 몰라도 가만히 속을 살펴보면 마음속으로 뭔가를 중얼거리면서 내면에 화장을 계속하며 본질을 덮으려는 게 느껴질 것이다.

화장을 해서 예뻐지는 것도 좋다. 다만 꾸준히 피부를 관리해서 '쌩얼'인데도 아름답다면 그것보다 기분 좋은 일은 없을 것이다. 화장품 철학은 여기에서 한 번 더 나아간다. 내면의 얼굴조차 화장하는 것을 멈추고, 관리하기를 권한다. 자신의 안과 밖을 늘 항상 깨어서 지켜보고, 내면의 나침반에 맞게 행동해 나아간다면 어느 순간 내면의 화장은 자신을 보호하고 꾸며 주었던 게 아니라 자신의 아름다운 본 모습을 가리고 있었음을 확인하게 될 것이다. 진짜 '쌩얼 미인'은 내면까지 '쌩얼'일 때 빛을 발한다는 것을 잊지 말도록 하자.

02. Allure's Tarot Space 소개

Allure's Tarot Space에서는 명화와 명언이 담겨져 있는 'Art of Life'라는 타로를 활용하여 명상에 어떻게 쓰이면 좋은지 간단히 소개해 드리겠습니다.

특히 이러한 오라클 타로는 그 사람의 현재 상황에 따라 해석이 다르니 부담 가지지 마시고, 하나의 명작을 감상하듯이, 그리고 거기에서 어떤 메시지를 나에게 건네주는지 살펴보고 명상해 보는 기회가 되었으면 좋겠습니다.

(1) 마술사

명언을 보시면 "나는 내 운명의 주인이다. 나는 내 영혼의 선장이다"라고 쓰여 있네요. 이 카드가 나오면 좀 더 자의식을 가지고 행동하는 게 좋습니다. 선장이 잠들어 있으면 선원들이 마음대로 배를 모니 정신 차릴 필요가 있죠.

(2) 여사제

한 여성이 고딕양식의 창문을 바라보고 있네요. 아름다운 꽃무늬에 황금빛 색상이 고풍스러움을 더해 주는 것 같습니다. 어떤 한 고민이 지속적으로 떠오를 때 이 카드가 나왔을 경우 그 고민에 빠지지 말고 지켜보는 게 좋습니다. 창문 밖을 바라보듯이 자신의 고민을 들여다볼 때 답을 찾는 게 더 수월해질 겁니다.

(3) 여왕

알렉산드리아의 성녀 캐서린 그림입니다. 하늘을 바라보며 무엇을 바라고 있는 것일까요? 무언가 흐지부지하고 진행이 잘 안 될 때 이 카드가 나온 경우 조금 더 열정을 갖고 하는 게 좋습니다. 요리할 때도 불이 약하면 재료들을 익히기 힘드니 적절히 화력을 높이는 게 좋겠죠?

(4) 황제

헨리 8세의 초상화로 황제답게 옷에 보석과 장식을 화려하게 한 것을 볼 수 있습니다. 얼굴과 표정을 보았을 때 누가 봐도 부유한 사람으로 보이네요. 어떤 일을 진행하는 데 이 카드를 뽑았다면 자기를 너무 과신하는 건 아닌지 확인해 보는 게 좋습니다. 상대방이나 상황도 잘 살펴 놓친 건 없는지 점검해 보세요.

(5) 교황

라파엘이 그린 레오 10세 교황과 두 명의 추기경 그림입니다. 표정으로 보아 교황은 불만이 있고 추기경들은 눈치를 보는 것으로 보입니다. 이 카드가 나오면 자기가 뭔가 고집부리고 있는 건 없는지 확인해 보는 게 좋습니다. 그것이 물질적이든 정신적이든 계속해서 고집하는 것은 새로운 것을 받아들이기 쉽지 않으니까요.

(6) 연인

조지 프레데릭 왓스의 〈엔디미온〉이라는 작품입
니다. 아름다운 여성이 잠들어 있는 남성과 사
랑스럽게 있는 모습이 보이네요. 이 카드가 나왔
다면 다른 소리보다 가슴의 소리에 귀 기울이
시기 바랍니다. 머리로만 생각하고 판단했던
문제들이 가슴의 소리, 즉 직관에 의해 의외로
해결되는 것을 보실 수 있을 겁니다.

(7) 전차

한 사람이 열기구를 타고 하늘을 날고 있는 그
림을 볼 수 있습니다. 관광? 여행? 어디로 떠나
는 것일까요? 무슨 일을 먼저 해야 될지 헷갈리
는 상황에서 이 카드가 나온다면 지금 현재 가
장 필요로 한 일을 먼저 하는 게 좋습니다. 뜬
구름 잡거나 예전 일을 반복하기보다 지금 이
순간에 무엇을 해야 할지 판단하세요.

(8) 정의

반 고흐의 〈자화상〉이라는 작품입니다. 자신을
모델로 하여 그린 그림으로 색체와 질감에 있어서
섬세하고 독특한 터치를 엿볼 수 있습니다. 이 카
드를 뽑는다면 자기 자신을 솔직하게 바라보는 시
간을 갖는 게 좋습니다. 남의 허물만 적나라하게
바라보지 마시고 자신의 실체도 바라보시길……

(9) 은자

한 소년이 언덕 위에 올라 앉아 일출을 보고 있네요. 총대도 잠시 내려놓고 턱을 괴고 있는 모습이 여유로워 보입니다. 어떤 문제가 잘 해결되지 않을 때 이 카드가 나온 경우 무조건 해결하려고 하지 말고 상황을 파악하고 해결하는 게 좋습니다. 상황 파악이 잘 안 될 경우 이미 언덕 위로 올라간 사람한테 조언을 구하는 게 좋겠죠.

(10) 전법륜

알폰스 무하의 〈조디악〉이라는 그림입니다. 황도 12궁을 다양하고 화려한 보석으로 장식한 아름다운 여성이 바라보고 있네요. 낮이 지나면 밤이 오고, 봄이 지나면 여름이 오고 가을, 겨울이 오듯이 자신의 삶도 계절처럼 변화하는 것을 관찰해 보세요.

(11) 강인함

엘리자베스 여왕의 초상화가 그려져 있군요. 권위와 기품을 보여주기 위해서인지 화려하면서도 자신의 신체보다 더 큰 옷을 입고 있는 것을 볼 수 있습니다. 이 카드가 나온 경우 자신이 외부적인 것에 의존하는 것은 아닌지 확

인해 보는 게 좋습니다. 외모, 패션, 식스팩, 다이어트 등 겉모습에만 치중하지 말고 사랑, 친밀감, 연민, 환희 등 내면의 모습도 같이 가꿔 나가는 게 좋습니다.

(12) 뒤집기

남성과 여성이 함께 아크로바틱한 동작을 하고 있음을 볼 수 있는데요. 두 명 다 거꾸로 보면서 곡예를 하는 것을 확인할 수 있습니다. 어떤 일을 진행하다가 갑갑하고 막힐 경우 이 카드가 나온다면 늘 하던 방법이 아닌 새로운, 다른 방법으로 해결해 나가는 게 좋습니다. 아래의 명언처럼 나를 내려놓아야 답이 보이듯이 말이죠.

(13) 죽음

클림트의 〈죽음과 삶〉이라는 그림입니다. 서서히 다가오는 죽음의 사자, 그리고 웅크리고 잠들어 있는 사람들. 클림트는 이 작품을 통하여 무엇을 표현하고자 했을까요? 어떤 일을 할 때 이 카드가 나온다면 그 일이 욕망과 충동에 의한 일이 아닌지 확인하시기 바랍니다. 눈을 감고 선택하지 마시고 눈을 뜨고 선택하시길…….

(14) 절제

그림에 여성이 다소곳이 발을 씻는 모습을 볼 수 있죠? 쾌활하거나 힘 있는 동작이 아닌 절제된 동작을 볼 수 있습니다. 하루를 시작하기 전에 이 카드가 나온다면 어떠한 일을 진행할 때 무리하고 급하게 진행하기보다 차분히 해결해 나가는 게 좋습니다.

(15) 귀신

연인들이 담배를 같이 피우고 있는 그림이군요. 보시면 알겠지만 전체적으로 가식적인 표정을 띄우고 있는 것을 볼 수 있습니다. 저 표정 뒤에는 무엇이 숨어 있을지……. 이 카드가 나왔을 경우 자신이 어딘가에 매혹되어 있는 건 아닌지 확인하는 게 좋습니다. 내면의 깊은 영혼의 메시지는 모른 체하고 달콤한 유혹의 메시지는 알면서도 행하는 게 아닌지…….

(16) 탑

그림을 보시면 한 사람이 낙하산을 잡고 떨어지는 모습을 볼 수 있습니다. 낙하산을 타다 탑에 걸렸는지 정황상으로 봐서는 아래에 안전 장치는 없을 듯하군요. 명상 시에 이 카드가 나왔다면 지금 하고 있는 것이 역량에 맞는지 확인하고 진행하는 게 좋습니다. 높을수록 추락하기 쉬우니 역량에 맞지 않다면 충분히 자기 역량을 키운 뒤에 진행하세요.

(17) 별

보시는 그림은 반 고흐의 〈별이 빛나는 밤〉입니다. 달빛처럼 밝게 빛나는 별빛 그리고 움직임 … 반 고흐는 이 그림을 그릴 때 무슨 마음으로 그렸을까요? 밤이 깊어질수록 별이 더 반짝거리듯이 어두움이 깊어질수록 더 밝게 빛나는 존재가 되시길……

(18) 달

명언을 보시면 "당신의 꿈의 방향을 확신하며 나아가라. 당신이 상상한 삶을 살라"고 나와 있습니다. 만약 위의 꿈의 방향이 세속을 향해 있다면 천천히 자신을 되돌아보는 게 좋습니다. 그러한 꿈은 위의 그림처럼 눈감고 꾸는 꿈이니까요.

(19) 태양

〈르와르 강둑〉이라는 그림입니다. 강둑에서 멀어질수록 그림이 점점 희미해지는데 이는 해가 뜨는 상황일까요? 아니면 해가 지는 상황일까요? 이 카드가 나왔을 경우 불투명했던 일이 윤곽이 드러나니 잘 바라보시길 바랍니다. 태양이 떴을 때 어떤 선택된 것에만 빛을 비춰 주는 게 아니라 모든 만물에 빛을 비춰 주니까요.

(20) 결정

달이 생각에 잠겨 있는 그림입니다. 위에는 12개
의 별자리 상징이 있고 달과 미묘하게 연결되어
있는 모습을 볼 수 있습니다. 이 카드가 나온
경우 자신이 내린 결정이 외부로부터 왔는지
내부로부터 왔는지 확인해 보는 게 좋습니다.
거기에 따라서 결과가 다르게 나올테니까요.

(21) 세상

많은 사람들에게 알려져 있는 레오나르도 다
빈치의 〈인체 비례도〉입니다. 다빈치는 인체의
신장이 신체의 일정 부분과 일정한 비율을 가
지고 있다고 보고 이것들을 통하여 우주의 원
리를 설명하고자 이러한 그림을 표현하였습니
다. 이 카드가 나왔을 경우 지금 드는 그 생각
이 왜 드는지 생각해 보시기 바랍니다. 정말 하

찮은 이유 때문인지 아니면 진정한 자기실현을 위해서인지 말입니다.

(22) 바보

"당신은 현재에 살아야만 한다. 모든 결에서 시
작하여 매순간 영원불멸한 것을 찾아라." 지금
여기 이 순간에 삶을 연주할 수 있는 악기들이
앞에 있는데 아니, 심지어 손에 쥐어져있는데 다
른 곳을 바라보고 있는 것은 아닌지…….